Louann Stahl

Reise zum Mittelpunkt der Seele

Das mystische Erleben in Zeugnissen aus mehr als sieben Jahrhunderten

Louann Stahl

Reise zum Mittelpunkt der Seele

Das mystische Erleben in Zeugnissen aus mehr als sieben Jahrhunderten

FRICK VERLAG GmbH - Postfach 447
D-75104 PFORZHEIM

Die Deutsche Bibliothek - CIP-Einheitsaufnahme

Stahl, Louann:
Reise zum Mittelpunkt der Seele : das mystische Erleben in Zeugnissen aus mehr als sieben Jahrhunderten / Louann Stahl. [Aus dem Amerikan. von Felicitas Jung]. - Dt. Erstaufl. - Pforzheim : Frick, 1998
Einheitssacht.: A most surprising song <dt.>
ISBN 3-920780-66-3

Titel der Originalausgabe:
A most surprising Song
Exploring the mystical experience

Aus dem Amerikanischen
von Felicitas Jung

Deutsche Erstauflage 1998

Herausgegeben mit Genehmigung
der Unity School of Christianity, Unity Village, MO., USA,
im FRICK VERLAG GmbH, Postfach 447, D-75104 Pforzheim.

Druck: Druckerei Blaich, Straubenhardt
ISBN 3-920780-66-3

Widmung

Für meinen Vater, der mir die spirituelle Wegweisung gab, für meine Mutter, die mir den Mut gab, für meinen Mann, der mir die Ermutigung und Unterstützung gab, die dieses Werk möglich machten.

Danksagungen

Dank und Anerkennung möchte ich meinen Lektoren aussprechen, Jason Petosa für sein gewissenhaftes Redigieren und Joan Putthoff für ihre unbeirrbare Begeisterung sowie auch Maggie Wagner, meiner Lektorin bei Unity Books, für ihre Hilfe und Hingabe. Und natürlich all den Mystikern, die hier zitiert werden, die in Wirklichkeit das Buch geschrieben haben.

Inhaltsverzeichnis

Die Autorin bezeigt ihren Dank für die Erlaubnis, Passagen aus den folgenden Quellen abzudrucken:

Autobiography of a Yogi by Paramahansa Yogananda. Copyright © 1946 by Paramahansa Yogananda, renewed 1974 by Self-Realization Fellowship. Copyright © 1981 Self-Realization Fellowship. All rights reserved. Reprinted with permission.

The Axis and the Rim by Arthur W. Osborn. Copyright © 1967 by Arthur W. Osborn. Reprinted by permission of Theosophical Publishing House, Wheaton, Illinois.

The Collected Poems and Plays of Rabindranath Tagore. (New York: Macmillan, 1937) Reprinted by permission of Macmillan Publishing Company.

A Course in Miracles. Copyright © 1975. Reprinted by permission of Foundation for Inner Peace, Inc.

Do You See What I See? by Jae Jah Noh. Copyright © 1977 by Edwin Smith. Reprinted by permission of Theosophical Publishing House, Wheaton, Illinois.

Ecstasy: A Way of Knowing by Andrew M. Greeley. Copyright © 1974, reprinted by permission of publisher, Prentice-Hall, Inc., Englewood Cliffs, New Jersey.

Ecstatic Confessions by Martin Buber. Copyright © English translation 1985 by Harper & Row, Publishers, Inc. Reprinted by permission of HarperCollins Publishers, Inc.

Enlightened Society by John L. Hill. Copyright © 1987 by John Hill. Reprinted by permission of Theosophical Publishing House, Wheaton, Illinois.

The Essential Unity of All Religions by Bhagavan Das. First edition, 1932. Reprinted by permission of Theosophical Publishing House, Wheaton, Illinois.

The Expansion of Awareness by Arthur W. Osborn. Copyright © 1961 by Theosophical Publishing House. Reprinted by permission of Theosophical Publishing House, Wheaton, Illinois.

The Experience of No-Self by Bernadette Roberts. Copyright © 1982. Reprinted by arrangement with Shambhala Publications, Inc., 300 Massachusetts Ave., Boston, Massachusetts 02115.

In Search of Identity by Anwar Sadat. Copyright © 1977, 1978 by the Village of Mit-Abul-Kum, English translation © 1977, 1978 by Harper & Row, Publishers, Inc. Reprinted by permission of HarperCollins Publishers, Inc.

The Invisible Writing by Arthur Koestler. Copyright © 1954, 1969 by Arthur Koestler. Reprinted by permission of Peters Fraser & Dunlop Ltd., London.

The Kabir Book by Robert Bly. Copyright © 1971, 1977 by Robert Bly. Reprinted by permission of Beacon Press, Boston.

Mysticism: A Study and an Anthology by F. C. Happold. Copyright © F. C. Happold, 1963, 1964, 1970. Reprinted by permission of Penguin Books, Ltd.

Mystics as a Force for Change by Sisirkumar Ghose. Copyright © 1981. Reprinted by permission of Theosophical Publishing House, Wheaton, Illinois.

Talks With Great Composers by Arthur M. Abell. Copyright © 1955 by Philosophical Library. Reprinted by permission of Philosophical Library, Inc.

Through Mine Own Eyes by Katharine Trevelyan. Copyright © 1962 by Katharine Trevelyan. Reprinted by permission of Henry Holt and Company, Inc.

Watcher on the Hills by Raynor C. Johnson. Copyright © 1959. Reprinted by permission of Hodder & Stoughton Limited, London.

With the Door Open by Johannes Anker-Larsen, translated by Erwin and Pleasaunce von Gaisberg. Reprinted by permission of Macmillan Publishing Co.

You Can Find God by Starr Daily. Copyright © 1963. Reprinted by permission of Fleming H. Revell Company.

Reise zum Mittelpunkt der Seele

Das mystische Erleben in Zeugnissen aus mehr als sieben Jahrhunderten

Wach auf, wach auf, die Welt ist jung
Trotz ihres Denkens Alterslast
Müssen die stärksten Kämpfe noch ausgefochten,
Die überraschendsten Lieder noch gesungen werden!

– James Elroy Flecker

Vorwort

Es macht mir großes Vergnügen, dieses Vorwort für Louann Stahls inspirierendes und informatives Buch *Reise zum Mittelpunkt der Seele* zu schreiben, in dem sie die mystische Erfahrung erforscht.

Wenn Sie eine mystische Erfahrung gehabt haben, wenn Sie gerne eine hätten oder wenn Sie einfach gerne wissen wollen, was Mystik ist, dann werden Sie dieses Buch lieben. Es sagt, was Mystik ist, nicht indem es sie in abstrakten Begriffen analysiert und definiert, obwohl es das auch tut, sondern hauptsächlich, indem es die Mystiker selbst, berühmte Mystiker und unbekannte Mystiker, ihr überraschendes Lied singen läßt. Man kann dieses Buch nicht lesen, ohne ein lebhaft realistisches Empfinden für die verwandelnde, befreiende Kraft der mystischen Erfahrung zu gewinnen. Man sieht, wie sie die Mystiker verändert, und man sieht, wie die Mystiker die Welt verändert haben.

Wenn Sie je ein Seminar in Philosophie belegt haben, dann haben Sie wahrscheinlich gelernt, daß die Philosophie mit Pythagoras begann, der um 500 v. Chr. in Griechenland lebte. Pythagoras war ein Mystiker. Er war auch einer der ersten Wissenschaftler und Mathematiker, über den wir etwas wissen. Falls Sie auf dem Gymnasium Geometrie belegten, dann war eines der ersten Dinge, die Sie lernten, der pythagoräische Lehrsatz: „Das Quadrat der Länge der Hypotenuse eines rechtwinkligen Dreiecks ist gleich der Summe der Kathetenquadrate."

Viele der größten Denker, die die Menschheit hervorgebracht hat, haben zumindest einen Hauch von Mystik in ihrem Wesen und in ihrem Denksystem gehabt. Die meisten Mystiker sind nicht merkwürdiger oder seltsamer gewesen als Schriftsteller oder Geschäftsleute oder Hausfrauen oder Könige oder Wissenschaftler.

Die Essenz der Mystik kommt in der mystischen Erfahrung zum Ausdruck, der mystischen Vision. Mystiker glauben, daß sie sich so sehen, wie sie wirklich sind, und die Welt sehen, wie sie wirklich ist, und sehen, daß sie und die Welt eins sind. Sie sehen sich und die Welt nicht, wie sie uns übrigen erscheinen, voller Makel und Unvollkommenheiten, sondern vollkommen und vollständig über alle Vorstellungen von Vollkommenheit und Vollständigkeit hinaus. Sie erklären, daß dies sei, was wir und unsere Welt in unserem wirklichen Wesen seien.

Mystik ist eher eine Lebensweise als eine Art zu denken. Die Wahrheit ist ein Mysterium, aber nicht, weil sie nicht erfahren werden kann. Mystiker durchbrechen den Schleier falscher Erscheinungen, die uns umhüllen, und erfassen einen Schimmer von sich selbst und der Welt als einer leuchtenden Herrlichkeit. Die herrliche Wirklichkeit, in die wir eingesenkt sind, ist so herrlich, daß niemand sie beschreiben kann. Man kann sie sich nicht vorstellen oder sie analysieren oder definieren. Man kann sie nicht in Worte oder mathematische Symbole fassen, man kann nur sagen: „Sie ist."

Sie können sehen, wie eng die Beziehung der Mystik zu Unity[1] ist, wenn Sie erkennen, daß der Kern der Lehre von Unity lautet: Es gibt nur eine Gegenwart und eine Macht im Universum, Gott, das allmächtige Gute. Das ist die zentrale Idee der religiösen Mystik.

Charles Fillmore[2] war ein Mystiker, und er sagte, daß Unity eine mystische Weltanschauung sei, aber er sagte auch, daß es eine praktische mystische Weltanschauung sei. Vor vielen Jahren, als ich ihn das zum erstenmal sagen hörte, dachte ich: Wie kann es eine praktische Mystik geben? Die Essenz der mystischen Vision ist es ja, daß das materielle Universum mit seinen vielfältigen Erscheinungen und Grausamkeiten und Makeln nicht die wirkliche Welt ist.

Wie Frau Stahl herausstellt, sind die großen Mystiker größtenteils sehr praktische Menschen gewesen. Beinahe alle Religionen der Welt sind von Mystikern begründet worden. Einige dieser Religionen, wie Christentum, Buddhismus und Islam, sind praktisch genug gewesen, um Hunderte von Millionen, ja Milliarden von Menschen auf Arten und Weisen zu führen, die das gute Leben zur Folge hatten.

Jesus war ein Mystiker, Mohammed war ein Mystiker, Buddha war ein Mystiker, Laotse war ein Mystiker. So auch Paulus, der nach seiner mystischen Vision auf der Straße nach Damaskus die christliche Religion auf der ganzen Welt verbreitete. Vor 1500 Jahren floh der heilige Benedikt vor dem wollüstigen Leben Roms und gründete den ersten Orden christlicher Mönche. Er führte so praktische Vorschriften und Lebensregeln ein, daß sie hinreichend waren, Mönche und Nonnen bis heute zu leiten und sie zu wunderbar produktiven Lebensläufen zu führen. Der heilige Franziskus, die heilige Teresa, der heilige Ignatius von Loyola, allesamt Mystiker, gründeten große Orden, die eine Hauptquelle des Wachstums der katholischen Kirche gewesen sind. John Knox und John Wesley, die große protestantische Religionen begründeten, waren Mystiker.

Frau Stahl will uns überzeugen, daß der mystische Weg keine Flucht vor dem Leben ist, sondern eine Bereicherung des Lebens, ein Weg der Erfüllung. Der Mystiker erklärt, daß das Wirkliche Eines ist, und so sind alle Aktivitäten des Mystikers darauf gerichtet, diese Vision der Einheit zu einer Tatsache zu machen.

Bezeichnenderweise zeigt uns Frau Stahl, daß die Vision, die der Mystiker davon hat, eins mit dem Allen zu sein, welches Eines ist, eine Vision von der Richtung sein kann, in die die menschliche Evolution weitergehen soll und tatsächlich weitergeht. Sie verweist auf die Vereinten Nationen als eine Bewegung, die in diese Richtung geht.

Die Vereinten Nationen sind, obwohl sie eher einen Versuch als etwas Erreichtes darstellen, nichtsdestotrotz eine Vision von der Welt in einem geeinten Zustand. Was immer ihre Fehler sein mögen, sie bringen dennoch viele unterschiedliche Leute in einer gemeinsamen Anstrengung zusammen, eine gemeinsame Welt für uns alle zu schaffen, eine gütigere, wohlwollendere, wohlhabendere Welt. Es mag nur ein unreifer Anfang sein, aber es ist ein Anfang. Die Vereinten Nationen sind eine Vision, die der mystischen Vision nicht unähnlich ist. Sie sind der erste Schritt darauf zu, die Welt greifbar zu verwirklichen, die nach der Aussage des Mystikers die wirkliche Welt ist.

Schließlich sieht die mystische Vision eine Welt, die so großartig ist, daß alle Worte nicht ausreichen, um sie zu beschreiben – eine Welt, die friedlich, harmonisch, geordnet, produktiv, herrlich, vollkommen und vollständig ist, in der wir das Leben führen, das zu leben uns Gott geschaffen hat – strahlend lebendig, herrlich erleuchtet; wir alle unbehindert, ungebunden, frei, und wir alle vereint im Geist, alle eins mit der einen Transzendenten Realität. Bei Unity drücken wir eben diese Vision dessen, was wir und die Welt der Absicht nach sein sollen, dadurch aus, daß wir sagen, daß wir den Christus anziehen sollen.

In der Bibel gibt es eine inspirierte Beschreibung der mystischen Vision. Der Verfasser schreibt: „Und ich sah die heilige Stadt, das neue Jerusalem, von Gott her aus dem Himmel herabkommen, gerüstet wie eine Braut, die für ihren Mann geschmückt ist. Und ich hörte eine laute Stimme vom Throne her sagen: 'Sieh da, die Hütte Gottes bei den Menschen; und »er wird bei ihnen wohnen, und sie werden sein Volk sein, und Gott selbst wird bei ihnen sein. Und er wird alle Tränen abwischen von ihren Augen«, und der Tod wird nicht mehr sein, und kein Leid noch Geschrei noch Schmerz wird mehr sein; denn das Erste ist vergangen.' ...

Und es kam einer von den sieben Engeln ... und redete mit mir und sprach: 'Komm, ich will dir die Braut, das Weib des Lammes, zeigen!' Und er entrückte mich im Geist auf einen großen und hohen Berg und zeigte mir die heilige Stadt Jerusalem, wie sie von Gott her aus dem Himmel herabkam im Besitz der Herrlichkeit Gottes. Ihre Leuchte ist gleich dem kostbarsten Edelstein, wie ein kristallheller Jaspis. ... Und die Stadt bedarf nicht der Sonne noch des Mondes, daß sie ihr scheinen; denn der Lichtglanz Gottes erleuchtet sie, und ihre Leuchte ist das Lamm. Und die Völker werden in ihrem Lichte wandeln, und die Könige der Erde bringen ihre Herrlichkeit in sie. Und ihre Tore werden nicht geschlossen werden am Tage – denn dort wird es keine Nacht geben“ (Off. 21,2-4, 9-11, 23-25).

Das ist die Vision des Mystikers; und ist es nicht unser aller Hoffnung?

James Dillet Freeman
Lee´s Summit, Missouri
September 1992

Einleitung

„Es muß doch mehr am Leben sein. Bestimmt ist das nicht alles.“ Einige Regungen in der Seele senden diese Botschaft von Zeit zu Zeit an die Oberfläche. Wir alle erkennen sie. Das Leben hat uns oft enttäuscht. Es gibt Zeiten, in denen jene sonnigen Kindheitserwartungen in unseren Herzen verdorrt zu sein scheinen. Und doch haben wir, bevor wir noch Pfahlwurzeln zu den inneren Quellen hinabgesandt haben, die uns Nahrung geben könnten, einen allzu frühen und bequemen Frieden mit dem geschlossen, was wir „die Realität des Lebens“ nennen. Wordsworth drückte es gut aus. „Die Welt ist zu sehr bei uns; spät und früh,/Nehmend und ausgebend verschwenden wir unsere Kräfte;/... Wir haben unsre Herzen fortgegeben.“ Die Worte wie auch das Leben der großen Mystiker scheinen für die Wahrheit von Wordsworths Gedicht zu sprechen. Denn da gibt es jene, die mehr gefunden haben.

Es gibt jene, die tiefen Frieden gefunden haben und eine Herrlichkeit, die für die meisten von uns unverständlich ist. Sie reden von einer Liebe, die wir nur mit Ehrfurcht betrachten können.

Es gibt jene, die einen Sinn im Leben gefunden haben – dessen Fehlen an unseren Seelen nagt, wenn wir die weltlichen „Lebensrealitäten“ als „alles, was es gibt“, akzeptiert haben.

Es gibt jene, die einen Weg gefunden haben. Aber die Reise ist eine innerliche und keine äußerliche. Die ersten Schritte, darin stimmen sie überein, sind häufig leicht – ein Licht, das schlagartig auf den Weg fällt. Während die Straße sich entfaltet, kann sie schwierig und finster werden. Aber dieses berauschende Licht, das voraus zu sehen ist, ruft den Pilger weiter – weiter in ein neues Leben, eine neue Freiheit (und doch nicht neu, da sie immer bei uns gewesen ist). Ein indischer Mystiker des neunten Jahrhunderts, Bayezid Bistami, bemerkte: „Dreißig Jahre lang suchte ich nach Gott, und als ich am Ende dieser Zeit meine Augen öffnete, entdeckte ich, daß er es war, der nach mir gesucht hatte."

Jenseits der Liebe, des Friedens und der Freude, die das Lied der Mystiker durchdringen (ich sage Lied, weil die Wahrheit, die sie gefunden haben, so leuchtend und lyrisch ist, daß „Botschaft" das, was sie meinen, nur unzureichend übermittelt), weisen ihre Erfahrungen auf eine tiefere Ebene der Wirklichkeit hin. Das Wesen der Wirklichkeit, die in diesem unbeschreiblichen Licht enthüllt wird, legt das Paradox frei – aber ein Paradox voller Hoffnung. Wir sind viele, sagen sie, aber wir sind auch Eins. Unter den vielfältigen Manifestationen des Lebens existiert eine essentielle Einheit alles Geschaffenen und eine Einheit der ganzen Schöpfung mit dem Göttlichen.

Skeptiker sagen, daß es keinen Beweis dafür geben könne, daß der Schatz, den wir suchen, indem wir dem mystischen Weg folgen, wirklich da ist, daß es keine Täuschung ist. Die Skeptiker haben in einem Sinne recht: Es kann keinen strikt wissenschaftlichen Beweis geben, denn das Wissen, von dem die Mystiker sprechen, ist eine persönliche Offenbarung. Sie sagen, daß sie nur die Richtung weisen können; daß sie nur die Karte der inneren Reise zeichnen können, die uns zu der „unschätzbaren Perle" führen wird.

Tatsächlich ist eben das Charakteristikum, lieber den Weg zu weisen, statt Wahrheiten zu proklamieren, an die andere glauben sollen, ein Zeichen des wahren Mystikers. „Geht hin, wo ich gewesen bin, wenn ihr wahres Leben finden wollt", sagt der Mystiker, „denn die Wirklichkeit, die ich gefunden habe, ist zu ehrfurchtgebietend, zu gewaltig. Sie kann nicht ausgedrückt, sie kann nur erfahren werden." Aber den Weg weisen muß er, denn, wie der große jüdische Theologe Martin Buber sagte, der Mystiker ist gezwungen zu sprechen, weil „das Wort in ihm brennt".

Auch ist die Überzeugung, mit der die Mystiker an dem Wissen ihrer Erfahrung festhalten, unbeugsam. Zum größten Teil sind sie Männer und Frauen, deren Leben ihre Intelligenz, ihre Reife, ihre moralische Charakterstärke und ihre Hingabe an die Wahrheit bestätigt haben. In der Tat sind sie einige der größten Persönlichkeiten in der ganzen Geschichte gewesen, da zu ihnen die Gründer der meisten größeren Religionen gehörten.

Unsere Reise wäre jedoch selbst dann kein vergebliches Unterfangen, wenn es ihr an „Beweisen" fehlte. Es gibt viele Hinweise auf die Gültigkeit der mystischen Erfahrung und die Art der Wirklichkeit, die sie offenbart. So alt wie die älteste Religion, überschreitet die mystische Erfahrung Zeit, Kultur, Religion, geographische Lage, Geschlecht und Alter. Die Worte der Mystiker umspannen den Globus und sprechen zu uns aus jeder Zeit, aus jeder Religion, aus jeder Kultur, von Männern und Frauen, Erwachsenen und Kindern. Die Botschaft klingt oft so ähnlich, daß wir wie vom Schlag getroffen sind, wenn wir erkennen, daß es zwischen den meisten dieser Leute keine Verbindung gegeben haben kann.

Dieses Buch ist eine Forschungsreise in die mystische Erfahrung hinein: ihre Charakteristiken; wie sie emotionell, körperlich und geistig wahrgenommen wird; die Art der Wirklichkeit, die in der mystischen Erleuchtung offenbart wird; und ihre Bedeutung sowohl für das Individuum als auch für die Gesellschaft. Ich habe, wo möglich, die Worte der Mystiker selbst gebraucht, nicht nur um ihre Erfahrungen zu beschreiben, sondern auch, um ihre Versuche zu vermitteln, das auszudrücken, was ihnen die mystische Vision letzten Endes bedeutet hat. Es ist meine Hoffnung, daß ihr Zeugnis auf irgendeine Weise Hoffnung bringen wird, wo Verzweiflung ist, Licht, wo Dunkelheit ist. Das Herz brennend von der Herrlichkeit einer alles übersteigenden Liebe und Freude, haben sie uns ein Licht hinterlassen, das immer noch leuchtet.

Kapitel 1

Der eingeschloß'ne Glanz

Fünf Fälle von mystischer Erleuchtung

*Die Wahrheit liegt in uns; sie geht nicht aus
Von Äußerem, was du auch glauben magst.
Es ist ein innerlichstes Zentrum in uns allen,
Wo Wahrheit wohnt in Fülle; und ringsum
Schließt Wand um Wand das grobe Fleisch sie ein,
Die vollkommne und klare Schau – die Wahrheit.
Ein Leibgeflecht, verwirrend und verzerrend,
Erzeugt, sie bindend, allen Irrtum; WISSEN
Heißt eher, einen Ausweg zu eröffnen,
Von wo der eingeschloß'ne Glanz entfliehen mag,
Als Eintritt für ein Licht sich zu erwirken,
Von dem man annimmt, daß es draußen sei.*

– Robert Browning

Obwohl häufig mit anderen Phänomenen verwechselt, steht die mystische Erfahrung in direktem Zusammenhang mit einer Transzendenten Realität, die die meisten Mystiker Gott nennen. Da das Wort Gott jedoch so viele verschiedene Konnotationen hat, ziehen andere Begriffe wie die Letzte Wirklichkeit, die Ungeteilte Einheit, die Quelle unseres Seins usw. vor. Aber was immer der Name ist, diese transzendente Realität wird wahrgenommen als die freudigste, liebevollste und wirklichste Erfahrung, die jene, die glücklich genug waren, ihr zu begegnen, je kennengelernt haben. Die Erfahrung bringt sowohl ein Gefühl des Friedens als auch eine Euphorie mit sich sowie ein Gefühl der Gewißheit und des Wohlbefindens, das am besten mit den Worten von Julian von Norwich ausgedrückt werden könnte, der im fünfzehnten Jahrhundert während ihrer Begegnung mit dieser transzendenten Realität versichert wurde: „Alles wird gut sein, und alles wird gut sein, und jede Art von Ding wird gut sein.“[3]

Die folgenden Berichte handeln von den mystischen Erfahrungen von fünf Menschen, von einem verurteilten Kriminellen bis zu einem religiösen Heiligen. Sie illustrieren sowohl die tiefgreifende Art als auch die Gewöhnlichkeit dessen, dem sie begegnen, und versichern uns, daß es eine Erfahrung ist, die allen offensteht.

Das unbeschreibliche Licht erhellte die dunkle Gefängniszelle, wo Starr Daily, ein abgebrühter Verbrecher, in Einzelhaft auf dem Steinboden lag. Das Licht, das scheinbar von nirgendwoher kam, erleuchtete die Finsternis vollständig. Mit dem Licht kam eine Gegenwart. Starr Daily beschrieb seine Erfahrung mit diesen Worten:

> Er [Christus] kam auf mich zu, seine Lippen bewegten sich, aber tonlos. Er hielt neben mir inne ... und blickte herab, tief in meine Augen hinein [sie waren in schwarzen Augenhöhlen versunken], als ob er versuchte, durch sie meine Seele zu durchdringen. In meinem ganzen Leben hatte ich nie solche Liebe in menschlichen Augen gesehen oder gespürt, wie sie jetzt in seinen Augen leuchtete und strahlte. Und ich hatte mich auch noch nie so völlig hilflos in der Gefangenschaft der Liebe gefühlt. Durch irgendein geheimnisvolles Wahrnehmungsvermögen, das mitten in meinem Traum wirkte, schien ich klar zu wissen, daß ich in die Wirklichkeit eingetaucht war; daß ich etwas sah und fühlte, was mein Leben in alle Ewigkeit beeinflussen würde.[4]

An einem anderen Tag, nicht mehr in Einzelhaft und bei der Arbeit im Kleiderladen des Gefängnisses, betete Starr Daily um Hilfe, um seine alten Gewohnheiten der Feindseligkeit und des Selbstmitleids abzuwehren. In diesem Moment kam er mit einer „anderen Welt" in Berührung, einer Welt, die er zu beschreiben versuchte.

> Es war derselbe Kleiderladen, und doch war es nicht derselbe. Die Stimmen und Maschinen verschmolzen in die ausgesuchtesten Harmonien und musikalischen Kadenzen. An keinem Punkt konnte ich eine störende Note in dieser Sinfonie der Klänge wahrnehmen. Der Staub und die Fusseln in der Luft wurden zu unzähligen Einheiten von unirdischer Strahlung, als ob jeder der Millionen winziger Partikel einzeln hervorstäche und sich in vollkommenen Rhythmuswellen bewegte.
>
> Ich blickte mich um und betrachtete meine Ar-

beitskollegen. Ihre Gesichter leuchteten. Der Ladenbesitzer, ein grimmiger, schweigsamer Mann, schien in einer Aura von strahlendem Licht umherzugehen.

Die Erfahrung trat plötzlich ein und verschwand auf die gleiche Weise wieder, aber meine destruktive Gedankenwelt war verwandelt. Alle Müdigkeit verließ mich. Ich arbeitete mühelos, so gut wie keine Bewegung ging daneben.[5]

Junge Mädchen in weißen Kleidern, in der ersten Bankreihe einer südafrikanischen Kirche sitzend und darauf wartend, daß ihre Firmungszeremonie beginnen würde, kicherten und wurden durch die Anwesenheit der Jungen abgelenkt, die, unbequem herausgeputzt und mit pomadegeglätteten Haaren, unruhig in der gegenüberliegenden Sitzreihe herumrutschten. Die Jungen und die Mädchen warteten darauf, daß sie an die Reihe kämen, wie es eingeübt worden war, daß sie eines nach dem anderen aufstünden und an dem Altar niederknieten, wo der Bischof von Natal, der extra zu diesem Anlaß in die Stadt gekommen war, die Zeremonie durchführen würde.

Ein junges Mädchen, Moyra Caldecott, die den einleitenden Gottesdienst mechanisch mitmachte, mit Gedanken, „die überall umherschweiften – und sicherlich nichts mit irgend etwas tief Religiösem zu tun hatten“, fand sich in einer sehr unerwarteten Erfahrung wieder.

Jetzt war ich an der Reihe. Er legte seine Hand auf meinen Kopf ...

Ich hörte nicht, was er sagte, aber ...ich schien auf einmal aufzuhören, ich zu sein (das heißt, in dem

Sinne von „ich“, wie ich gedacht hatte, daß ich wäre – in einem bestimmten Haus und in einer bestimmten Straße lebend, eine bestimmte Schule besuchend). Ich fühlte den unbeschreiblichsten Strom von Energie und Kraft durch mich fließen und hatte etwas, was ich für eine Erfahrung der Zeitlosen Realität halte ... eines Bewußtseins, das alles ohne Grenzen aufnahm ..., aber auf nichts reagierte außer in dem Sinne des „Wissens ... und Liebens“.

Der Bischof kann seine Hand nicht länger als ein paar Sekunden auf meinem Kopf gehabt haben – aber man könnte ein ganzes Leben lang leben und nicht soviel Einsicht gewinnen, wie ich in diesem einen schönen, erschütternden Augenblick gewann.

Ich stand auf und ging auf meinen Platz in der Reihe zurück, wie es mir beigebracht worden war ... zitternd, erschüttert.[6]

Drei Soldaten, Pistolen in der Hand, stürzten in die friedliche Villa Santa Lucia in Malaga. Sie suchten nach Sir Peter Chalmers Mitchell, einem britischen Wissenschaftler im Ruhestand, und Arthur Koestler, damals ein junger Journalist, der über den Spanischen Bürgerkrieg schrieb. Mitchell und Koestler warteten schon die ganze Zeit; sie wußten, daß Francos Truppen die Stadt in jedem Moment überrennen würden. Die Soldaten banden Koestlers Handgelenke zusammen und zwangen die beiden Männer mit vorgehaltenen Waffen in einen Wagen. Sie wurden durch Straßen gefahren, in denen andere Gefangene im Schnellverfahren vor Steinmauern exekutiert wurden. Koestler wurde in ein spanisches Gefängnis gebracht, wo er drei Monate lang nie wußte, ob er die Nacht überleben würde. Zwischen Mitternacht und zwei Uhr morgens wurden Gefangene aus sämtlichen Zellen um ihn herum zur Exekution geführt, bis zu siebzehn in einer Nacht.

In diesem Todesschatten lebend, nahm Koestler eine Veränderung in seinem Bewußtsein wahr, besonders während der drei Gelegenheiten, bei denen er sicher war, daß der Tod nahe war. „Ich hatte von dem wohlbekannten Phänomen eines gespaltenen Bewußtseins profitiert", sagte Koestler, „einer traumähnlichen, betäubten Selbstentfremdung, die das bewußte Selbst vom handelnden Selbst trennte – wobei das erstere zum losgelösten Beobachter, das letztere zum Automaten wurde."[7]

Koestler verbrachte viel Zeit an der Fensternische in Zelle 40 des Sevillaner Gefängnisses. Während er dort stand, hatte er viele Offenbarungen. Unter ihnen war die folgende, die sich ereignete, nachdem er Euklids Beweis auf die Gefängniswand geritzt hatte, daß die Anzahl der Primzahlen unendlich ist, ein Beweis, der ihn, wie er sagte, immer mit einer tiefen ästhetischen Befriedigung erfüllte.

> ... [diese] hingekritzelten Symbole ... repräsentierten einen der seltenen Fälle, wo eine sinnvolle und verständliche Aussage über das Unendliche durch präzise und unendliche Mittel erreicht wird. ... Die Bedeutung dessen überflutete mich wie eine Woge. ... Ich muß einige Minuten lang dort gestanden haben, verzückt, mit einem wortlosen Wissen: „Das ist vollkommen – vollkommen"; bis ich ein gewisses leichtes geistiges Unbehagen im Hintergrund meines Bewußtseins nagen fühlte – irgendeinen trivialen Umstand, der die Vollkommenheit des Augenblicks störte. ... Dann fiel mir die Art dieses irrelevanten Ärgernisses ein: Ich war natürlich im Gefängnis und konnte erschossen werden. Aber das wurde sofort von einem Gefühl beantwortet, dessen wörtliche Über-

setzung lauten würde: „Na und? Ist das alles? Hast du nichts Ernsteres, um das du dir Sorgen machen mußt?" – eine so spontane, frische und amüsierte Antwort, als hätte es sich bei dem eindringenden Ärgernis um den Verlust eines Kragenknopfes gehandelt. Dann trieb ich auf dem Rücken in einem Strom des Friedens dahin, unter Brücken der Stille hinweg. Er kam von nirgends und floß nirgendwohin. Dann gab es keinen Strom und kein Ich mehr. Das Ich hatte aufgehört zu existieren. ... Wenn ich sage „Das Ich hatte aufgehört zu existieren", dann beziehe ich mich auf eine konkrete Erfahrung, die verbal so wenig zu vermitteln ist wie das Gefühl, das von einem Klavierkonzert hervorgerufen wird, aber genauso wirklich – nur noch sehr viel wirklicher. Tatsächlich ist ihr hervorstechendstes Merkmal die Empfindung, daß dieser Zustand wirklicher ist als jeder andere, den man zuvor erfahren hat – daß zum erstenmal der Schleier gefallen ist und man in Berührung mit der „wirklichen Wirklichkeit" ist, der verborgenen Ordnung der Dinge ... gewöhnlich verdunkelt von Schichten der Belanglosigkeit.[8]

Seit einem Jahr bereits war die ältere Nonne krank gewesen und hatte große Schmerzen gelitten, und jetzt war sie dem Tode nahe. Eine andere Schwester, mit der sie eine große Zuneigung verband, war an ihr Bett gekommen, um sie zu pflegen und zu trösten. Sie war sich jedoch schon lange dessen bewußt gewesen, daß ihre liebe Freundin anderswo getröstet wurde und eine außerordentliche innere Stärke zu besitzen schien. In dem Drang, das Geheimnis des Friedens und der Freude der sterbenden Nonne zu erfahren, bat ihre Begleiterin, sie möge ihr die Quelle ihres Beistands und Trostes mitteilen.

Bei dieser Frage kamen der sterbenden Nonne eine Flut von Erinnerungen aus einer Nacht vor vielen Jahren in den Sinn. Sie bat darum, eine kurze Weile allein gelassen zu werden. Nach dem Singen der Komplet kehrte ihre Freundin an ihr Bett zurück, worauf die ältere Nonne sagte: „Richte mich auf und gib mir etwas Wasser in den Mund, so daß ich sprechen kann; dann werde ich dir erzählen, was zu hören dich froh machen wird.“ Dieses ist die Geschichte, die sie erzählte:

Sofia, eine junge Nonne im zweiten Jahr ihrer Gelübde, war am Fest der heiligen Geburt Christi nach der Mitternachtsmesse noch im Chor zurückgeblieben. An einem Gebetspult hinter dem Altar lehnend, schüttete sie Gott ihr Herz aus. „Während ich betete“, erzählte die ältere Nonne ihrer Gefährtin, „kam mir mein früheres Leben in den Sinn, wieviel Zeit und wie lange ich in der Welt mit dem Verfolgen eitler Ziele hingebracht hatte. Und ich begann besonders die Treulosigkeit zu erwägen und zu betrachten, die ich dadurch gegen Gott begangen hatte, daß ich so nachlässig für den edlen und würdigen Schatz meiner edlen Seele gesorgt hatte.“ Der Schmerz, den sie darüber empfand, war wie eine Wunde in ihrem Herzen, und sie wurde von Reue überwältigt. Sie vertraute ihrer Freundin an: „Alle körperliche Kraft ... versagte ... und ich ... fiel in eine Ohnmacht, so daß ich weder sehen noch hören noch sprechen konnte.“

Als die junge Sofia erwachte, und da sie nicht in diesem Zustand gefunden werden wollte, wankte sie zu ihrem Bett im Dormitorium, machte das Zeichen des Kreuzes und sprach den Vers *In manus tuas*. Nachdem sie dieses Gebet wiederholt hatte, hatte sie unmittelbar die folgende Offenbarung:

> Ich sah, daß ein Licht, über alles Maß schön und glückselig, vom Himmel kam, und es umgab mich

> und leuchtete durch mich hindurch und erleuchtete mich gänzlich, und mein Herz war ganz plötzlich verwandelt und von einer unaussprechlichen und fremdartigen Freude erfüllt, so daß ich gänzlich und vollkommen all das Elend und die Qual vergaß, die ich je bis zu dieser Zeit erfahren hatte. Und in dem Licht und in der Freude sah und spürte ich, daß mein Gott aus meinem Herzen emporgehoben wurde ... und da wurde mir gegeben, meine Seele klar und bestimmt mit spiritueller Sehkraft zu sehen, wie ich nie irgend etwas mit körperlichen Augen gesehen habe, und all ihre Gestalt und Anmut und Schönheit wurde mir ganz gezeigt. Und was für Wunder ich in ihr sah und erkannte, könnten alle Menschen zusammen nicht in Worte fassen.

Ihre Begleiterin war so bewegt über die Worte der älteren Nonne, daß sie sie bat, in ihrer Beschreibung der Seele fortzufahren. Kraft sammelnd, antwortete Sofia mit diesen Worten:

> Wenn all die Sterne am Himmel so groß und schön wie die Sonne wären, und wenn sie alle zusammen leuchteten, könnte all ihr Glanz sich nicht mit der Schönheit vergleichen, die meine Seele hatte. Und es schien mir, daß ein Glanz von mir ausging, der die ganze Welt erleuchtete, und ein glückseliger Tag ging über der ganzen Erde auf. Und in diesem Licht, welches meine Seele war, sah ich Gott glückselig leuchten, wie ein schönes Licht aus einer schönen strahlenden Lampe hervorleuchtet, und ich sah, daß er sich so liebevoll und so freundlich an meine Seele schmiegte, daß er völlig mit ihr vereint wurde und sie mit ihm.

Dieser Segen dauerte acht Tage lang und war der Anfang der vielen Gnaden, die Sofia von Klingnau vom Nonnenkloster Töß in Deutschland im 13. Jahrhundert von Gott empfing.[9]

Der Görlitzer Schuhmacher hatte ein nicht weiter bemerkenswertes, aber angenehmes Leben geführt. Als Junge war er Hirte auf der Landskrone gewesen, aber da sein träumerisches und nachdenkliches Wesen ihn nicht zur Landwirtschaft hinzog, wurde Jakob Böhme zu einem Schuhmacher in die Lehre gegeben. Schließlich wurde er Meister und hatte seinen eigenen Laden, heiratete und bekam vier Söhne.

Obwohl er durchaus mit beiden Beinen auf dem Boden stand und seine Geschäfte gut gingen, hatte er doch starke religiöse Neigungen und tendierte zu tiefem Nachsinnen und zur Spekulation über das Wesen der Dinge. Seine funkelnden, graublauen Augen schienen sich oft zurückzuziehen, um nach einer inneren Welt zu forschen. Eines Tages im Jahre 1600, während er im Laden arbeitete, fiel der Blick dieser durchbohrenden Augen zufällig auf ein poliertes Zinngefäß, „das den Sonnenschein mit so wunderbarem Glanz widerspiegelte, daß er in eine innere Ekstase verfiel.“[10]

Zusammen mit dem herrlichen Licht, das den Raum erfüllte, kam Böhme eine innere Erleuchtung, „und es schien ihm, als könnte er jetzt in die Prinzipien und den tiefsten Grund der Dinge hineinschauen.“[11] In der Meinung, seine Erfahrung wäre nur Einbildung und ein Werk seiner Phantasie, ging er nach draußen, um wieder einen klaren Kopf zu bekommen. Geradezu das Gegenteil geschah. Die Vision blieb und wurde sogar noch klarer. Ein Schleier schien von der Natur hinweggezogen zu werden, und er sah, daß das Gras und die Blumen von lebendigen

Kräften beseelt waren, die alles durchflossen. „Da er ins Freie ging und über die Felder zu einer Wiese vor dem Neissetor bei Görlitz, setzte er sich dort hin, und indem er die Kräuter und das Gras des Feldes in seinem inneren Licht betrachtete, hatte er Einblick in ihre Essenzen, ihren Nutzen und ihre Eigenheiten."[12] Die Geheimnisse des Lebens entfalteten sich vor ihm. Obwohl diese Erfahrung Jakob große Freude brachte, dankte er Gott, kehrte nach Hause zurück und erzählte nichts von seiner wunderbaren Erleuchtung.

Zehn Jahre lang blieb Jakob bei seinem Gewerbe, hatte Erfolg in seinem Beruf und führte ein gutes und produktives Leben. Seine Gedanken kreisten jedoch beständig um die tieferen Geheimnisse des Lebens, und er sehnte sich nach größerer Einsicht und einem größeren Sehvermögen, als sie ihm gewährt worden waren. Seine Augenblicke von visionärer Sicht kamen, aber sie blieben nicht. Wenn er von dieser Erfahrung sprach, sagte er später: „Das erste Feuer war bloß ein Anfang und kein ... bleibendes Licht." Er konnte die Welt, die er sah – die Ungleichheit, das Leiden, das Böse und die Heuchelei – immer noch nicht mit der Welt in Einklang bringen, die in seinen Visionen offenbart wurde. Sein intensives Verlangen nach Erleuchtung – Gott zu erkennen –, war so groß, daß er eines Tages „die Pforten der Hölle" stürmte.

> In diesem Schmerz ... erhob ich meinen Geist ... hinauf und in Gott hinein, wie mit einem großen Sturm oder Angriff, indem ich mein ganzes Herz und meinen ganzen Sinn zusammennahm, wie auch alle meine Gedanken und meinen ganzen Willen. ...
>
> Als ich in meinem entschlossenen Eifer ... Gott so hart bestürmte ..., brach mein Geist plötzlich durch ... in die innerste Regung der Gottheit, und dort war ich umfangen von Liebe, wie ein Bräutigam seine herzlich geliebte Braut umfängt.[13]

Böhme beschrieb in seinem ersten Buch, *Aurora*[14], die Bedeutung und Art dieser Erfahrung. Er stellte fest, daß ihm das Tor geöffnet worden wäre, so daß er „in einer Viertelstunde mehr sah und wußte, als wenn ich insgesamt viele Jahre an einer Universität gesessen wäre. Denn ich sah und erkannte das Wesen aller Dinge, den Grund und den Abgrund und die ewige Hervorbringung der heiligen Dreieinigkeit."[15] Nach seinem Biographen Hartmann wurde „das, was ihm in früheren Visionen chaotisch und vielfältig erschienen war, ... nun von ihm als eine Einheit erkannt, wie eine Harfe mit vielen Saiten, bei der jede Saite ein eigenes Instrument ist, während das Ganze nur *eine* Harfe ist." Jetzt wußte er deutlicher um die göttliche Ordnung der Natur, und „wie aus dem Stamm des Baums des Lebens unterschiedliche Äste entspringen."[16] Nach dieser Erfahrung wurde Böhme nachdrücklich die Notwendigkeit bewußt, das, was ihm offenbar geworden war, niederzuschreiben.

Seine Offenbarungen dauerten an, und er schrieb tatsächlich, trotz der Verfolgung durch seine ortsansässige Kirche und seiner eigenen geistigen und körperlichen Schwierigkeiten. Mit der Zeit wurden seine Worte in viele Sprachen übersetzt und beeinflußten in großem Maße die Entwicklung des religiösen Denkens. Sein Leben und seine Worte dienten den höchsten religiösen Strebungen Europas im siebzehnten Jahrhundert, besonders Englands, als Beispiel, und heute wird er immer noch überall von ernsthaften Schülern der Metaphysik als einer der größten protestantischen Mystiker studiert, der deutsche Schuster, „ein von Gott gelehrter Seher".

Die meisten Menschen, die eine mystische Erfahrung haben, werden nicht zu religiösen Heiligen wie Jakob Böhme, aber ihr Leben wird nichtsdestoweniger tief und dauerhaft berührt.

Starr Daily, dessen Leben von seiner Erfahrung im Gefängnis verwandelt worden war, wurde ein international bekannter Autor von Erbauungsliteratur. Moyra Caldecott heiratete, bekam Kinder und führte ein gewöhnliches Leben, aber eines, das durch mystische Einsicht akzentuiert und vertieft war. Die Erfahrungen von Arthur Koestler in Zelle 40 formten sein Denken als Philosoph und Wissenschaftler und als Autor tiefgreifend, und seine Schriften hinterließen einen bedeutenden Eindruck im Denken seiner Zeit. Bis zu der kürzlich erfolgten Veröffentlichung des deutschen Schwesternbuches des Nonnenklosters Töß aus dem dreizehnten Jahrhundert blieb die Offenbarung von Sofia von Klingnau im Dunkeln. Ihr Leben der Hingabe an Gott wurde wiedergeboren und in Freude, Schönheit und Liebe aufgerichtet.

Kapitel 2

Ein erhabenes Gefühl

Muster mystischer Erfahrung

Ich habe
eine Gegenwart gespürt, die mit der Freude
Hehrer Gedanken mich beunruhigt; ein erhabenes
Gefühl
Von etwas, das weit tiefer sich verschmolz,
Des Wohnstatt ist das Licht von untergeh'nden
Sonnen,
Das Rund des Ozeans und die lebend'ge Luft,
Der blaue Himmel und der Geist des Menschen:
Ein Wehen und ein Geist ist's, der da treibt
Alles, was denkt, und alles, des man denkt,
und der durch alles rollt.

– William Wordsworth

Erleuchtung, mystische Erfahrung, kosmisches Bewußtsein – sind dies für das eher erdgebundene Denken zu seltsame Begriffe, zu fremde Konzepte, als daß es sich mit ihnen befassen könnte? Eigentlich nicht. Viele von uns haben zweifellos genau wie William Wordsworth „Eine Gegenwart, die mit der Freude/ Hehrer Gedanken mich beunruhigt“ gespürt. Dieses Gefühl existiert selbst dann, wenn wir „den mystischen Akt der Vereinigung“, den Evelyn Underhill die „Krone des bewußten Aufstiegs des Menschen zum Absoluten“[17] nennt, nicht erreichen können oder auch gar nicht danach streben. Dieser Kontakt mit einer transzendenten Realität, die unterschiedlich einmal Erste Ursache, einmal Grund unseres Seins und einmal Gott genannt wird, *ist* eine mystische Erfahrung, ein Schritt auf das kosmische Bewußtsein zu. Bis zu einem gewissen Grad ist es eine Erleuchtung, sei sie nun so klein wie ein Einfall oder so groß wie eine vollständige Offenbarung der Geheimnisse des Lebens.

Von zahllosen Individuen durch alle Zeiten hindurch dokumentarisch belegt, Menschen jeder Kultur, Religion und Nationalität, eignet mystischen Erfahrungen ein immer wieder auftretendes Muster, das leicht zu erkennen ist. Sie werden zwar häufig gemäß der religiösen und kulturellen Voraussetzungen interpretiert, aber die zentralen Erfahrungen sind oft nicht voneinander zu unterscheiden. Dieses wiederholt auftretende Muster ist ein Hauptgrund dafür gewesen, warum viele Menschen diese Erfahrungen ernst genommen und ihnen solche Gültigkeit zugeschrieben haben.

Das Auftreten der mystischen Erfahrung zu allen Zeiten und an allen Orten und die Ähnlichkeiten zwischen den Aussagen so vieler Mystiker auf der ganzen Welt sind für viele, die dieses Phänomen studieren, bedeutsame Fakten. Dies deutet darauf hin, daß es einen Aspekt der Wirklichkeit gibt, mit der diese Menschen während ihrer mystischen Erfahrung in Berührung kommen, den in der Sprache des alltäglichen Lebens zu beschreiben ihnen schwerfällt. „Irdische Sprache“, sagt Jakob Böhme, „ist gänzlich unzureichend, um zu beschreiben, was in den inneren Wundern Gottes an Freude, Glück und Lieblichkeit enthalten ist."[18] Die meisten Mystiker fühlen sich jedoch dazu gedrängt, ihre Entdeckungen schriftlich mitzuteilen, und da diese Geschichten so faszinierend sind, gibt es keinen Mangel an Forschern, die sie studieren.

An diesem Punkt mögen wir fragen: Wer ist ein Mystiker, und wer ist es nicht? Die weiteste Definition, die von Evelyn Underhill stammt, legt nahe, daß jeder, der eine transzendente Vereinigung mit der Letzten Realität erfahren hat, oder jeder, der an die Möglichkeit einer solchen Vereinigung glaubt und sie anstrebt, ein Mystiker sei. In dieser Erörterung werden wir uns jedoch nur mit denjenigen befassen, die eine mystische Erfahrung gehabt haben.

Maurice Bucke war ein kanadischer Arzt des neunzehnten Jahrhunderts. Er glaubte, Mystiker hätten eine fortgeschrittene Form des Bewußtseins erreicht, welche durch Evolution alltäglicher werden würde, bis irgendwann einmal alle Menschen sie erlangt haben würden. Dieses neue, fortgeschrittene Bewußtseinsstadium oder das „kosmische Bewußtsein" würde von einer intellektuellen Erleuchtung begleitet werden, die schon allein die Menschheit auf eine ganz neue Existenzebene heben würde. Gekennzeichnet von der Erkenntnis der „Einheit des Universums", einem Empfinden der „Gegenwart des Schöpfers in ihm und in allem darin", würde dieses fortgeschrittene Bewußtsein die Menschen von „allen Ängsten vor Bösem, vor Unglück oder Tod" befreien und würde ihr gestatten, „zu begreifen, daß Liebe die Regel und Grundlage des Kosmos ist."[19] Bucke begann sein historisches Studium von Mystikern nach seiner eigenen tiefgreifenden mystischen Erfahrung:

> Es war zu Beginn des Frühlings, zu Anfang seines 36. Lebensjahres. Er [Bucke] und zwei Freunde hatten den Abend mit der Lektüre von Wordsworth,

Shelley, Keats, Browning und besonders Whitman verbracht. Sie trennten sich um Mitternacht, und er hatte eine lange Heimfahrt in einer Droschke. ... Sein Sinn, tief unter dem Einfluß der Ideen, Bilder und Gefühle, die von der Lektüre und den Gesprächen des Abends hervorgerufen worden waren, war ruhig und friedlich. Er befand sich in einem Zustand ruhigen, beinahe passiven Genießens. Ganz unvermittelt, ohne Vorwarnung irgendeiner Art, fand er sich wie von einer flammenfarbenen Wolke eingehüllt. Einen Augenblick lang dachte er an Feuer, irgendeinen plötzlichen Brand in der großen Stadt; sofort darauf wußte er, daß das Licht in ihm selbst war. Direkt danach kam ein Gefühl der Begeisterung, der immensen Freude über ihn, das von einer intellektuellen Erleuchtung begleitet war bzw. dem diese unmittelbar nachfolgte, die ganz unmöglich zu beschreiben ist. In sein Gehirn strömte ein augenblicklicher Lichtblitz des Brahma-Glanzes ein, der seitdem unablässig sein Leben erhellt hat; auf sein Herz fiel ein Tropfen der Brahma-Seligkeit und hinterließ dort hinfort für immer einen Nachgeschmack von Himmel. Unter anderen Dingen, die er später nicht glaubte, *sah und wußte er* [Hervorhebungen vom Autor], daß der Kosmos nicht tote Materie, sondern eine lebendige Gegenwart ist, daß die Seele des Menschen unsterblich ist, daß das Universum so gebaut und geordnet ist, daß ohne allen Zweifel alle Dinge zum Guten eines jeden und aller zusammenwirken, daß das Grundprinzip der Welt das ist, was wir Liebe nennen, und daß das Glück eines jeden auf lange Sicht absolut gewiß ist. Er behauptet, daß er innerhalb der wenigen Sekunden, welche die Erleuchtung andauerte, mehr lernte als in vorhergehenden Monaten oder so-

> gar Jahren des Studiums und daß er viel lernte, was kein Studium je hätte lehren können."[20]

Maurice Bucke war nicht der einzige, der durch seine eigene verwirrende und unerklärliche Erfahrung zu einem Studium der Mystik hingeführt wurde, und er stand auch nicht allein da mit den Schlußfolgerungen, die er zog. F. C. Happold, ein britischer Lehrer, der im Ersten Weltkrieg Soldat war, hatte eine Reihe von Erfahrungen, die ihn zu einer Beschäftigung mit der Mystik führten, und auch er folgerte, daß das erhöhte Bewußtsein des Mystikers ein Schritt in der Evolution des Menschen wäre. Im folgenden spekuliert er über den Verlauf der Evolution:

> Kann es nicht das Wachstum einer sogar noch höheren Art von Bewußtsein sein, das sich immer weiter und weiter ausbreitet, bis es immer mehr Teile der Menschheit umfaßt ..., das eine Fähigkeit zur Folge haben wird, Aspekte des Universums wahrzunehmen, die bislang nur schwach und flüchtig erblickt werden? Und angenommen, das ist so, können wir dann nicht in den Mystikern die Vorläufer eines Typs von Bewußtsein sehen, der zunehmend verbreiteter werden wird, während die Menschheit höher und höher auf der Leiter der Evolution steigt?[21]

Zum Zeitpunkt seiner ersten Erfahrung wußte Happold nichts von Mystikern oder mystischer Erfahrung. In dem folgenden Bericht beschreibt er jedoch viele derselben Elemente, die in Buckes Bericht auftauchen:

> Es geschah in meinem Zimmer in Peterhouse am Abend des 1. Februar 1913, als ich noch Student in Cambridge war. Wenn ich sagte, daß Christus zu mir kam, dann würde ich damit konventionelle Worte

> gebrauchen, die keine genau festgelegte Bedeutung hätten; denn Christus kommt zu Männern und Frauen auf unterschiedliche Weise. ... Es gab jedoch keine sinnlich wahrnehmbare Vision. Da war einfach das Zimmer mit seinem schäbigen Mobiliar und dem Feuer, das im Kamin brannte, und der Lampe mit dem roten Lampenschirm auf dem Tisch. Aber der Raum war mit einer Gegenwart erfüllt, die auf eine seltsame Art und Weise sowohl um mich herum als auch in mir war, wie Licht oder Wärme. Ich wurde in überwältigender Weise von *Jemand* in Besitz genommen, der nicht ich selbst war, und doch fühlte ich, daß ich mehr ich selbst war, als ich es je zuvor gewesen war. Ich war von einem intensiven Glücksgefühl und beinahe unerträglicher Freude erfüllt, wie ich sie nie zuvor gekannt hatte und auch seitdem nie wieder erfahren habe. Und über allem lag ein tiefes Gefühl des Friedens, der Sicherheit und der Gewißheit.[22]

Weitere Erfahrungen folgten, aber diejenige, die 1916 auftrat, während der Schlacht an der Somme, ist besonders ergreifend.

> Ich kauerte in der Dunkelheit in einem Frontschützengraben, der nichts als eine schlammige Grube war, stinkend vor unbeerdigten Leichen, inmitten eines Wirrwarrs von Einschlagslöchern. In der Morgendämmerung sollte mein Bataillon angreifen. Ich beobachtete die langsame Bewegung des Leuchtzifferblattes meiner Armbanduhr und fürchtete mich vor dem Moment, in dem ich aufstehen und meine Männer nach vorne auf die deutschen Linien zu führen mußte. Und plötzlich, mit absoluter Gewißheit, wußte ich, daß ich vollkommen sicher war. ... [Es war nicht]

> die Art von Fatalismus, die unter kämpfenden Männern in Aktion nicht ungewöhnlich ist. Vielmehr war es ein lebhaftes Gefühl, körperlich völlig sicher zu sein. Als das Getöse des Sperrfeuers losbrach, ging ich ganz ohne Angst vor.[23]

Happold sah in diesem Ereignis eine Ähnlichkeit zu einer späteren Erfahrung, als er sich um die Gesundheit seiner Frau sorgte.

> [Es] widerfuhr mir am Abend des 18. April 1936, am Abend des Tages, bevor mein Sohn geboren wurde. Mein erstes Kind war totgeboren gewesen, und während ich so im Bett lag, machte ich mir große Sorgen um meine Frau und war im Geiste sehr beunruhigt. Und dann kam ein großer Friede über mich. Ich war mir eines lieblichen, unerklärlichen Musters in der ganzen Struktur der Dinge bewußt, eines Musters, von dem alles und jeder ein Teil war; und das Muster wurde von einer Macht gewebt; und diese Macht war das, was wir mit einem so schwachen Ausdruck Liebe nennen. Ich erkannte, daß wir nicht einsame Atome in einem kalten, unfreundlichen, gleichgültigen Universum sind, sondern daß ein jeder von uns eingebunden ist in einen Rhythmus, dessen wir uns vielleicht nicht bewußt sind und den wir auch nie wirklich erkennen können, dem wir uns aber vertrauensvoll und ohne Rückhalt überlassen können.[24]

Vielleicht sprach Pierre Teilhard de Chardin, ein Jesuitenpater, religiöser Mystiker und renommierter Paläontologe, zur modernen Menschheit beredter von der Evolution des menschlichen Bewußtseins. Er sah die wissenschaftliche Forschung als einen Teil des Prozesses an, der danach strebt, das Universelle im Speziellen zu entdecken, und betrachtete Religion und Wissenschaft als zwei Entwicklungsstufen *eines* vollständigen Erkenntnisaktes. Die menschliche Person, fähig, Vernunft und Religion zu verschmelzen, ist – so glaubte er – der „führende Sproß der Evolution“[25], bestimmt „nicht nur [zum] Überleben, sondern auch zum *Über-Leben.*“[26] Sein Leben wie auch seine Forschungsarbeit trugen viel dazu bei zu beweisen, daß die mystische Vision und die wissenschaftliche Forschung vereinbar waren.

Im folgenden Abschnitt, geschrieben gegen Ende seines Lebens, offenbart Pater Teilhard den mystischen Geist, der in ihm gewachsen ist:

> *Mein ganzes Leben lang, vermittels* meines Lebens, hat die Welt aus meiner Sicht nach und nach Feuer gefangen, bis sie, um mich herum ganz entflammt, beinahe vollständig leuchtend von innen heraus geworden ist. ... Solches ist meine Erfahrung im Kontakt mit der Erde gewesen – die Transparenz des Göttlichen im Herzen des brennenden Universums ... Christus; sein Herz; ein Feuer: fähig, überallhin durchzudringen und, allmählich, sich überallhin ausbreitend.[27]

Wenn mystische Erfahrungen auch variieren, so sind wir doch in der Lage, ein Muster zu erkennen. Zuerst wird die Erfahrung durchlebt, es wird teilgenommen an ihr, sie wird mit dem Verstand allein nicht begriffen, während das Gefühl der *Realität* und das Gefühl, endlich *wach* zu sein, so groß ist, daß normales Bewußtsein nur eine blasse Imitation davon zu sein scheint. Zweitens ist es eine Erfahrung überwältigender Freude und Liebe, häufig begleitet von einem übernatürlichen Licht, strahlend und leuchtend über jedes Maß. Drittens erfährt der Mystiker den „Frieden Gottes, welcher höher ist als alle Vernunft“ (Phil. 4, 7), zusammen mit einem Empfinden der Einheit alles Geschaffenen – einer Einheit, die einer wundersamen und ehrfurchterweckenden Verschiedenartigkeit zugrundeliegt. Viertens, während häufig eine Erleuchtung des Sinns des Lebens Teil der Erfahrung der Mystiker ist, werden doch die Erklärungen, die sie zu geben versuchen, meistens durch Paradoxe verdunkelt, die der menschliche Verstand nicht entwirren kann. Unausweichlich teilen uns die Mystiker mit, daß die Erfahrung unaussprechlich ist, daß unsere Konzepte und unsere Sprache sie einfach nicht fassen können. Ihre Zungen sind gebunden, wie die des Mannes, der aus Platons Höhle hervorstieg. Fünftens, Zeit, wie wir sie kennen, wird transzendiert; die mystische Erfahrung existiert außerhalb der Zeit in einem „ewigen Jetzt".

Es ist unabdingbar, daß wir erkennen, daß uns der Weg zu einem Bewußtsein für Gott schon von jenen geebnet worden ist, die auch „unsere lieblichen Vorläufer" genannt worden sind. Die meisten von uns sind noch nicht ganz bereit, Riesenschritte in die *Wirklichkeit* hinein zu tun. Die „Tür" bleibt jedoch offen, und wir können entweder sachte auf unserem Weg weitergehen oder mit Jakob Böhme „die Pforten der Hölle stürmen".

Wie wir auch vorgehen, die Mystiker versichern uns, daß wir den Weg finden werden und daß wir zu einem neuen und bis jetzt noch unentwickelten Bewußtsein für eine göttliche Wirklichkeit erweckt werden werden. Wie Evelyn Underhill geschrieben hat: „Der Keim dieses selben transzendenten Lebens, die Quelle der erstaunlichen Energie, die den großen Mystiker befähigt, sich zur Freiheit zu erheben und seine Welt zu beherrschen, schläft in uns allen – ein integraler Bestandteil unseres Menschseins."[28]

Kapitel 3

Erwache im Himmel

Mystik, die von den Herrlichkeiten der Natur wachgerufen wurde

Deine Freude an der Welt ist nie richtig, solange du nicht jeden Morgen im Himmel erwachst; dich in deines Vaters Palast siehst; und die Himmel, die Erde und die Luft als himmlische Freuden betrachtest: und darin eine so ehrfurchtsvolle Achtung vor allem hast, als wenn du unter den Engeln wärest.

– Thomas Traherne

Unter den allerschönsten Bibelpassagen sind die ersten beiden Zeilen aus Psalm 19: „Die Himmel erzählen die Ehre Gottes, und die Feste [das Firmament] verkündigt seiner Hände Werk". Von all den Mystikern sind vielleicht die fröhlichsten jene, die die Herrlichkeit Gottes in Gottes gesamter Schöpfung sehen und erleben. Diejenigen, die wir liebevoll die Naturmystiker nennen, haben ihre Freude und Begeisterung in Form von Lyrik, Prosa und durch andere Kunstwerke mit uns geteilt. Die Romantiker kommen einem dabei zuerst in den Sinn, wie z.B. Blake, Wordsworth, Keats, Shelley und Coleridge; aber Schriftsteller und Künstler, die fähig sind, das Göttliche im Universum auf eine tiefere und klarere Weise zu sehen, gibt es in allen Kulturen und Zeitaltern in Menge. Die ekstatische Freude, die sie durchströmt, ist berauschend. Wenn John Masefield in seinem Gedicht sagt: „Ich meinte, alle ird'schen Wesen knieten/ Von meiner Freude hingerissen", dann fühlen auch wir diese Woge der Freude in uns. Wenn sie auch nicht immer die Tiefen der religiösen Mystiker erreichen, so haben uns die Naturmystiker vielleicht mehr von dem vermitteln können, was sie erfuhren.

Aber die Mystik, die von den Herrlichkeiten der Schöpfung hervorgerufen wird, ist nicht allein der Wirkungskreis von Schriftstellern und Künstlern. Es ist nur einfach der häufigste Typ von Mystik. Zahllose Leute haben mystische Erfahrungen gemacht, die von den Schönheiten und Wundern der Natur ausgelöst wurden. Des weiteren umfassen die Erfahrungen des Naturmystikers häufig auf vollständigere Weise jene Aspekte, die für gewöhnlich mit mystischer Erfahrung in Verbindung gebracht werden – die Freude, die Schönheit, die Einheit, den Frieden und selbst das Gefühl des Wissens und der Zeitlosigkeit.

Die Erfahrung einer Engländerin, wie sie von Nona Coxhead in *The Relevance of Bliss* (Die Relevanz bzw. die Bedeutung der Seligkeit) wiedergegeben wird, verdeutlicht, wie vollständig eine mystische Erfahrung, die von der Natur ausgelöst wurde, sein kann. Wendy Rose-Neill, eine Medizinjournalistin, Psychotherapeutin und leidenschaftliche Gärtnerin, war kein religiöser Mensch im herkömmlichen, allgemein anerkannten Sinne. Tatsächlich hielt sie sich für eine radikale Humanistin. An einem Herbsttag, während sie in ihrem Garten arbeitete, fühlte sie sich ungewöhnlich entspannt und kontemplativ und wurde sich der Schönheit, die sie umgab, in sehr starkem Maße bewußt: der Vögel, der Brise, die sanft durch die Blätter strömte und ihr Gesicht berührte, des Geruchs von Gras und Blumen. Sie folgte einem plötzlichen Impuls, sich mit dem Gesicht nach unten auf das Gras zu legen, und spürte, wie sie von der Erde her Energie durchfloß. Das ist der Rest ihrer Erfahrung:

> Die Grenze zwischen meinem physischen Selbst und meiner Umgebung schien sich aufzulösen, und mein Gefühl des Getrenntseins verschwand. Auf eine seltsame Weise fühlte ich mich in eine totale Einheit mit der Erde verschmolzen, so als wäre ich aus ihr gemacht und sie aus mir. Ich war mir der Grashalme bewußt, die zwischen meinen Fingern waren und mein Gesicht berührten, und ich wurde von einer Kraft überwältigt, die jede Faser meines Seins zu durchdringen schien.
>
> Ich fühlte mich, als wäre ich plötzlich zum ersten Mal lebendig geworden – als erwachte ich gerade aus einem langen, tiefen Schlaf, hinein in eine wirkliche Welt. Ich erinnere mich, daß ich das Gefühl hatte, ein Schleier wäre von meinen Augen fortgezogen worden und alles würde ganz scharf, ganz klar erkennbar, obwohl mein Kopf immer noch auf dem Gras lag. Was immer sonst ich auch glaubte, ich erkannte, daß ich von einer unglaublich liebevollen Energie umgeben war und daß alles, sowohl Lebendiges als auch Nichtlebendiges, unauflöslich in eine Art von Bewußtsein eingebunden ist, die ich nicht

> mit Worten beschreiben kann.
>
> Obwohl die Erfahrung kaum mehr als ein paar Minuten angedauert haben konnte, schien sie endlos – als wäre ich in einer Art von schwebendem ewigem Zustand des Verstehens. Dann ging sie vorüber, und ich blieb still und ruhig auf dem Rasen liegen und versuchte, ganz in mich aufzunehmen, was geschehen war. Ich glaubte dabei nicht ganz, daß es wirklich war. Ein tiefes Gefühl der Freude und des Friedens ist, was ich hinterher von jenen außerordentlichen Augenblicken erinnere.[29]

Dies war nicht die einzige mystische Erfahrung, die Wendy Rose-Neill machen sollte, und es war auch kein zusammenhangloser Vorfall, der keine Bedeutung für ihr Leben hatte. „Ihr Effekt im allgemeinen [der Effekt dieser Erfahrungen – Anm. d. Ü.]", so sagte sie, „war der, daß sie meine Lebensqualität bereicherten und mir ein Gefühl der Kontinuität und des Sinns gaben, das mich durch Zeiten großer persönlicher Krisen hindurchgeführt hat, in denen es schien, als würde alles in sich zusammenbrechen." Sie behauptete auch, ein tiefes Gefühl des Staunens und des Geheimnisvollen im Hinblick auf die Erde und das Universum gewonnen zu haben und eine „sich immer noch weiter vertiefende Achtung vor dem ganzen Leben."[30]

Es überrascht nicht, daß Kinder häufig von Natur aus Naturmystiker sind. Viele Menschen haben aus ihrer Kindheit noch schwache Bildeindrücke von seltsamen und wunderbaren Naturerlebnissen übrigbehalten, die später in der Erinnerung langsam verblaßt sind. Wordsworth drückt sehr gut aus, welchen formenden Effekt „die wirkliche Welt" auf die jugendliche Natur hat.

> Unsre Geburt ist nur ein Schlaf und ein Vergessen:
> Die Seele, die aufsteht in uns, unseres Lebens Stern,
> Stammt von woanders ab

Und kommt von weitem her:
Nicht in vollständigem Vergessen
Und nicht in absoluter Nacktheit,
Nein, Glanzeswolken schleifend kommen wir
Von Gott, der unsre Heimat ist:
Der Himmel ist um uns herum in unsrer Kindheit!
Kerkerschatten beginnen sich zu schließen
Um den heranwachsenden Knaben;
Doch er nimmt wahr das Licht; woher es fließt,
Er sieht's in seiner Freude;
Der Jüngling auch, der täglich weiter fort vom Osten
Reisen muß, ist immer noch der Priester der Natur,
Und von der glänzenden Vision
Wird er auf seinem Weg geleitet;
Zuletzt sieht langsam sie der Mann ersterben
Und in das Licht gemeinen Tags hinein verblassen.

Und doch erinnern einige Menschen sich lebhaft an den Zauber ihrer Kinderjahre, und es gibt sogar jene, die die „glänzende Vision" aus Jugendzeiten erst verloren und dann wiedergefunden haben.

Der Dichter John Masefield war in der Lage, in der Erinnerung in seine frühe Kindheit zurückzukehren, als die ganze Welt noch von ekstatischer Schönheit erfüllt war – „von der ich wußte", so schrieb er in seiner Autobiographie, „[daß sie] nur der Schatten etwas weit Schöneren und ganz, ganz Nahen, in beinahe greifbarer Nähe Liegenden [war], wo es nichts gab als die Schönheit selbst in Ekstase, unsterblich, unerschöpflich."[31] Obwohl er zum betreffenden Zeitpunkt erst knapp fünf Jahre alt war, erinnerte sich Masefield an die folgenden Augenblicke:

> Ich trat in jenes größere Leben ein; und jenes Leben trat in mich ein mit einem Entzücken, das ich nie vergessen kann. ...

> Etwas, ich weiß nicht, was, sagte mir selbst in der absoluten Wirklichkeit der Freude, daß man hierüber nicht reden konnte, daß es zu intensiv dafür wäre: ... Aber von dieser wunderbaren Stunde an hatte ich ein Leben ganz für mich allein, besser als irgendein anderes Leben der Menschen; und einige Jahre lang lebte ich in diesem Leben und konnte auf Wunsch darin eintreten, oder doch beinahe auf Wunsch, ohne daß irgend jemand darum wußte.[32]

Dennoch begann sich der „Kerker", in Gestalt großer Sorgen, um ihn zu schließen, und Masefield verlor die Fähigkeit, diese Wirklichkeit zu erfahren. Eine Zeitlang verzweifelte er und dachte sogar, er wäre „verdammt" worden, wie es ihm ältere Leute als Schicksal prophezeit hatten. Mit der Zeit jedoch fand er den „strahlenden Glanz" jenes Lebens, das er früher in sich und in der Welt erfahren hatte, wieder. In seiner Autobiographie *So Long to Learn* brachte er seinen Glauben an seine Wirklichkeit zum Ausdruck. „Ich glaube, daß dieses Leben der Ursprung von allem ist, was in dieser Welt herrlich oder gut ist; und daß der moderne Mensch, der dieses Leben nicht kennt, im Tode weilt."[33]

Myrtle Fillmore, zusammen mit ihrem Mann Charles Begründerin der Unity-Schule des Christentums[34], pflegte sich als Kind in einen schattigen Lieblingswinkel an den Ufern des Big Walnut Creek in der Nähe ihres Elternhauses in Ohio zurückzuziehen. An diesem ihrem eigenen, besonderen Platz saß sie unter den Weiden und Eichen und beobachtete die kleinen Tiere und Vögel, während sie ihrem Gezwitscher und ihren Liedern lauschte.

> Mary Caroline [Myrtle] pflegte die Hände unter dem Kopf zu verschränken, mit zum Himmel gewendeten Gesicht, und schon bald *war sie gar nicht mehr da.* Nein, sie war irgendwo oben zwischen den flok-

kigen, die Form wechselnden, miteinander verschmelzenden Wolken. Sie war zwischen den schwankenden Zweigen der grünen Bäume, zwischen den Vögeln, die sangen und in die Luft stiegen – zwischen alldem, was da oben war, wo man eben 'zwischen' sein konnte. Irgendwie schien es dann immer, als wäre sie *eins* mit allem, was war. Dann plötzlich wurden ihre Seele und ihr Körper wieder vereinigt, und sie wurde sich bewußt, daß dieser Vorgang stattgefunden hatte.[35]

Während ihres Erwachsenenlebens sollte Myrtle Fillmore auch weiterhin diese seligen, mystischen Momente erleben, die von den Schönheiten der Natur hervorgerufen wurden, in denen sie sich als Teil von allem fühlte, was sie sah – und als Teil von Gott.[36]

Henry David Thoreau, Mystiker, Naturforscher und Philosoph, hatte in seiner Kindheit ähnliche ekstatische Erfahrungen. Obwohl er sein ganzes Leben lang ein Mystiker blieb, beschrieb er in seinem *Journal* die Erfahrungen aus seiner Jugend mit besonderer Wärme.

> Mein Leben war Ekstase. Ich kann mich erinnern, daß ich in der Jugend, bevor ich noch irgendeinen meiner Sinne verlor, ganz lebendig war und meinen Körper mit unaussprechlicher Befriedigung bewohnte; ... Diese Erde war das herrlichste musikalische Instrument, und ich war das Auditorium für ihre Klänge. Solche süßen Eindrücke zu empfangen, solche Ekstasen, von leichten Brisen erzeugt! Ich kann mich erinnern, wie erstaunt ich war. Ich sagte zu mir – ich sagte es auch zu anderen –: „Es kommt ein so unbeschreibliches, unendliches, alles absorbierendes, göttliches, himmlisches Vergnügen in meinen Sinn,

> ein Gefühl der Erhebung und des Weitwerdens, und [ich] habe nicht das Geringste damit zu tun gehabt. Ich nehme wahr, daß höhere Mächte sich mit mir befassen.“[37]

Thoreaus „himmlisches Vergnügen“ findet einen Widerhall in den Berichten zahlreicher Mystiker, die sich des inhaltsschwersten Begriffs bemächtigen, den sie kennen, um das Erhabene ihrer Erfahrung zu beschreiben. Immer und immer wieder begegnen wir in Beschreibungen der mystischen Erfahrung Ausdrücken wie: „Es war wie der Himmel“ oder „Ich war im Himmel“.

Das folgende ist ein Bericht von einer älteren Frau, die von ihrer Erfahrung als neunjähriges Mädchen berichtet, die von der Schönheit der Natur ausgelöst wurde. An einem klaren und sonnigen Tag hatte sie ihre kleine Schwester auf eine von ihr gern aufgesuchte Wiese mitgenommen.

> Ich zog meine Schuhe und Strümpfe aus, trug das Baby über den Bach und legte sie sanft unter die Linden, die in Blüte standen und wunderschön dufteten. Es waren weiche weiße Wolken am Himmel, aber die Sonne schien. Alles war sehr still außer dem Kauen der trägen, melancholischen Kühe und dem sanften Murmeln des Baches, dessen Ufer von federigem Mehlkraut, dunkelrosa Blutweiderich und himmelblauen Vergißmeinnicht bedeckt waren. Plötzlich geschah die SACHE, und, wie jeder weiß, kann sie nicht mit Worten beschrieben werden. Die biblische Wendung „Ich sah den Himmel offen“ erscheint so passend wie irgendeine andere, wenn sie nicht wörtlich genommen wird. Ich erinnere mich, daß ich zu mir sagte, voll ehrfürchtigem Staunen und Ergriffenheit: „Also so ist das: jetzt weiß ich, wie der Himmel ist, jetzt weiß ich, was sie in der Kirche mei-

> nen.“ Die Worte des 23. Psalms fielen mir ein, und ich begann sie zu wiederholen: „Er weidet mich auf einer grünen Aue; er führt mich an die stillen Wasser.“ Bald verblaßte ES, und ich war allein auf der Wiese mit dem Baby und dem Bach und den süß duftenden Linden. Aber obwohl es vorbeigegangen war und nur die irdische Schönheit zurückblieb, war ich von einer großen Fröhlichkeit erfüllt; ich hatte die „weiten Fernen“ gesehen.[38]

Diese von der Natur hervorgerufene Verzückung ist natürlich nicht nur den ganz Jungen vorbehalten; sie scheinen lediglich den pararationalen Vorkommnissen im Leben gegenüber aufgeschlossener zu sein. Nichtsdestoweniger wird auch in vielen Berichten von Erwachsenen über mystische Erfahrungen von der Erfahrung, „im Himmel“ zu sein, gesprochen. Das folgende ist der Bericht eines gestandenen Mannes in der Blüte einer erfolgreichen Karriere, der immer noch Fragen stellt und nach einem erfüllteren und authentischeren Leben sucht. Dieser Abschnitt ist aus seiner Autobiographie *My Quest for God* (Meine Suche nach Gott).

> Eines strahlenden Sonntagmorgens gingen meine Frau und meine Jungen in die unitarische Kirche in Macclesfield. Ich fühlte mich nicht imstande, sie zu begleiten – ganz so, als wenn das Verlassen des Sonnenscheins auf den Hügeln und das Hinuntergehen zu der Kapelle dort zu diesem Zeitpunkt ein Akt geistigen Selbstmords sein würde. Und ich verspürte ein solches Bedürfnis nach neuer Inspiration und nach Weitung in meinem Leben. Äußerst widerstrebend und traurig verließ ich daher meine Frau und meine Jungen, die dann in den Ort hinuntergingen, während ich mit meinem Wanderstock und meinem Hund wei-

ter in die Hügel hinaufstieg. In der Lieblichkeit des Morgens und der Schönheit der Hügel und Täler verlor ich bald mein Gefühl der Traurigkeit und des Bedauerns. Beinahe eine Stunde lang ging ich die Straße entlang, bis zum Gasthaus „Cat and Fiddle", und kehrte dann um. Auf dem Rückweg, ganz plötzlich, ohne irgendeine Vorwarnung, hatte ich das Gefühl, im Himmel zu sein – ein innerlicher Zustand des Friedens, der Freude und der Sicherheit, der unbeschreiblich intensiv war, begleitet von einem Empfinden, in einen warmen Lichtschein getaucht zu sein, als ob der äußere Zustand die innerliche Wirkung hervorgebracht hätte – ein Gefühl, aus dem Körper herausgetreten zu sein, obwohl die Szenerie um mich herum sich deutlicher abzeichnete und mir scheinbar auch näher war als zuvor, aufgrund des Leuchtens, in dessen Mittelpunkt ich mich zu befinden schien. Diese tiefe Gefühlsbewegung hielt an, wenn auch mit abnehmender Stärke, bis ich zu Hause ankam, und noch einige Zeit danach. Sie verging erst nach und nach.[39]

J. Trevor, der den obenstehenden Abschnitt schrieb, spricht davon, in einen warmen Lichtschein getaucht zu sein. Dieses Licht – überirdisch, übernatürlich, warm, leuchtend oder strahlend – spielt in beinahe allen mystischen Erfahrungen eine Rolle. Der seliggesprochene Jan Ruysbroek aus dem 14. Jahrhundert, einer der großen religiösen Mystiker, sagte von Seelen, die vom Göttlichen berührt wurden: „Ihr nacktes Verstehen wird durchtränkt von der Ewigen Helligkeit, so wie die Luft vom Sonnenschein durchtränkt ist."[40] Dieses Licht scheint nicht nur in der Atmosphäre zu sein, sondern auch von allem auszustrahlen, was die Person, die die Erfahrung hat, umgibt.

Die zeitgenössische Schriftstellerin Irina Starr war schon einige Zeit auf einer inneren spirituellen Reise gewesen, als sie einige bemerkenswerte und ausgedehnte Erfahrungen hatte, die mit diesem erstaunlichen Licht einsetzten:

> Die strahlende Helligkeit, die durch meine Augenlider hindurchdrang und den gesamten Raum überflutete, überraschte mich ganz unvorbereitet. Alles um mich herum war auf irgendeine wundersame Weise zum Leben erwacht und wurde von innen her von einer sich bewegenden, lebendigen Helligkeit erleuchtet. ...
>
> Ich sah offensichtlich mit einem anderen Sehvermögen als dem rein körperlichen, aber was ich sah, geriet nicht in Konflikt mit dem, was mein normales Sehvermögen registrierte. ... Ich sah Objekte sowohl in der gewöhnlichen Art und Weise als auch mit einer gewissen außerordentlichen Erweiterung des visuellen Vermögens; ich sah mit einem inneren Sehvermögen in sie hinein, und es war diese innere Sicht, die enthüllte, daß die gewöhnlichen Gegenstände um mich herum von der atemberaubendsten Schönheit waren. ...
>
> Das Eine, was vor allen anderen Dingen bedeutsam war, war, daß alles buchstäblich *lebendig* war; das Licht war lebendig und pulsierte, und auf irgendeine Weise, die ich nicht ganz erfassen konnte, *intelligent*. Die wahre Substanz von allem, was ich sehen konnte, war dieses lebendige Licht, das unaussprechlich schön war. Dieses bewußte Wahrnehmen von Schönheit, das so intensiv war, daß es beinahe unerträglich war, sollte mich die ganzen vier Tage, in denen ich die Welt mit erweiterter Sicht wahrnahm, nicht verlassen.[41]

Diese erweiterte Sicht ist ungewöhnlich, aber nicht ohne Präzedenzfall, besonders unter den religiösen Mystikern, die über den „mystischen Weg" nach einem beständigen Einssein mit Gott gesucht haben. Jakob Böhme, so wird uns berichtet, war „sieben Tage lang von einem göttlichen Licht umgeben und befand sich in der höchsten Kontemplation und im Himmelreich der Freude".

Das äußere Licht, das von den Mystikern wahrgenommen wird, wird häufig von ihnen mit der inneren Erleuchtung in Verbindung gebracht, die sie empfangen. Claire Myers Owens, nach eigener Beschreibung eine „privilegierte amerikanische Hausfrau", hatte eine intensive Erleuchtung nach dem Erscheinen eines „großen goldenen Lichts". Sie hatte unter Mutlosigkeit und Verzweiflung gelitten, die einem stark ausgeprägten Einfühlungsvermögen und entsprechendem Mit-Leiden mit dem enormen Leiden in der Welt und ihrem Wissen um das Potential zu einer bislang beispiellosen Zerstörung, das existiert, entsprangen. In ihrem Buch *Awakening to the Good* (Zum Guten erwachen), später erneut veröffentlicht unter dem Titel *Small Ecstasies* (Kleine Ekstasen), beschreibt sie die Offenbarung, die ihr an einem ruhigen Morgen kam, als sie an ihrem Schreibtisch arbeitete:

> Plötzlich war das ganze Zimmer von einem großen goldenen Licht erfüllt. Da war nirgendwo etwas außer diesem strahlenden Licht und meinem eigenen kleinen Wesenskern von Selbst. Das gewöhnliche „Ich" hörte auf zu existieren. Nichts blieb von mir außer einem bloßen Körnchen Bewußtsein. Es war ein Gefühl, als würde eine riesige transzendente Macht ohne mein bewußtes Wollen in mich eindringen, als würde all das immanente Gute, das latent in mir lag, anfangen, in einem einzigen Strom hervorzufließen und einen kreisenden Strudel mit dem universellen Prinzip zu bilden. Ich selbst begann mich

> in das Licht hinein aufzulösen, welches wie ein großer, goldener, alles durchdringender Nebel war. Es war ein mystischer Moment der Vereinigung mit dem geheimnisvollen Unendlichen, mit allen Dingen, allen Menschen.[42]

Es überrascht nicht, daß der Begriff, der im Orient am häufigsten gebraucht wird, um die mystische Erfahrung zu kennzeichnen, *Erleuchtung* ist, ein Wort, das Licht mit Offenbarung gleichsetzt. Nach William Kaufman ist in der jüdischen Tradition ein helles Licht ein Symbol für die Gegenwart Gottes. Im Zohar, einem mystischen Kommentar zum Alten Testament, wird offenbart: „Im Zentrum des Universums ist ein 'innerstes Licht' von einer Helligkeit, die dem Verstand unfaßbar ist."[43] Schon das Wort *Zohar* selbst bedeutet im Hebräischen „Helligkeit". Zum Zeitpunkt der Erleuchtung und Bekehrung von Paulus auf der Straße nach Damaskus „umleuchtete ihn plötzlich ein Licht vom Himmel" (Apostelgeschichte 9,3).

Der erste Ansturm dieses Lichtes, für gewöhnlich begleitet von einer Offenbarung, ist für den Mystiker häufig der Anlaß zur Konversion zu einem spirituellen Leben, auch wenn das nicht notwendigerweise ein Verhaftetsein an eine bestimmte Doktrin oder die Bindung an irgendeine organisierte Religion beinhaltet – obwohl dieses häufig der Fall ist.

Eine mystische Erfahrung bewirkte die Konversion von Rulman Merswin, einem wohlhabenden, frommen und geachteten Straßburger Kaufmann im vierzehnten Jahrhundert. Er war ein Schüler von Tauler, einem der großen katholischen Mystiker, und hatte sich aus dem Geschäftsleben zurückgezogen, um sich ganz dem spirituellen Wachstum zu widmen. Eines Tages, als er durch seinen Garten spazierte, wurde sein Bewußtsein vom Bild des Kreuzes erfüllt, und „als er seine Augen zum Himmel erhob, schwur er feierlich, daß er seinen eigenen Willen, seine Person und sein Vermögen gänzlich dem Dienst Gottes übergeben wollte".[44]

Wie wir in einem späteren Kapitel noch sehen werden, ist der Akt der Hingabe des persönlichen Willens häufig ein Katalysator für mystische Wahrnehmung. Nach Evelyn Underhills Übersetzung von Merswins Autobiographie ist dies, was ihm widerfuhr. „Die Antwort [auf seine Übergabe] ... kam rasch. Ein helles Licht leuchtete um ihn; er hörte in seinen Ohren eine göttliche Stimme von anbetungswürdiger Sanftheit; er hatte das Gefühl, vom Boden hochgehoben zu werden. ... Merswins Herz wurde von einem neuen Bewußtsein für das Göttliche erfüllt.“[45]

Das Licht, das der Mystiker wahrnimmt, ist jedoch nicht immer weiß oder golden. Maurice Bucke, der in Kapitel Zwei erwähnt wurde, sah eine flammenfarbene Wolke, die seine intellektuelle Erleuchtung begleitete. Wir erinnern uns an die Worte von Teilhard de Chardin, die an früherer Stelle zitiert wurden, daß „die Welt aus meiner Sicht nach und nach Feuer gefangen [hat], bis sie, um mich herum ganz entflammt, beinahe vollständig leuchtend von innen heraus geworden ist“. Und selbstverständlich ist da Moses, der den Herrn zuerst „in einer feurigen Flamme aus dem Dornbusch“ wahrnahm (2. Mose 3, 2).

In diesem Kapitel werden einige der verbreitetsten Aspekte der mystischen Erfahrung veranschaulicht: Freude, Schönheit, Frieden und Licht. Es gibt andere Charakteristika, die von so entscheidender Bedeutung für ein Verständnis der mystischen Vision sind, daß sie eine eigene Erörterung erfordern. Dies sind die Wahrnehmungen von der Einheit oder dem Einssein der ganzen Schöpfung; von Liebe als der vorherrschenden beseelenden Kraft des Universums; das Gefühl der Zeitlosigkeit oder des „ewigen Jetzt“, von dem die Mystiker sprechen, und das Gefühl des Wissens oder der Gewißheit.

Von Bedeutung für unsere Schlußfolgerung an dieser Stelle sind jedoch die Worte, die Blaise Pascal, ein französischer Philosoph, schrieb, nachdem er eine mystische Erleuchtung empfangen hatte. Sie verdeutlichen die ekstatische Vision des Mystikers – und zwar eines Mystikers, der wirklich im Himmel erwachte. Diese Worte wurden auf Pergament geschrieben, das eine grobe Zeichnung des Flammenden Kreuzes enthielt. Sie wurden bei Pascals Tod gefunden, eingenäht in sein Wams.

> Von etwa halb elf abends bis etwa eine halbe Stunde nach Mitternacht.
> Feuer.
> Gott Abrahams, Gott Isaaks, Gott Jakobs,
> Nicht der Gott der Philosophen und Scholaren.
> Absolute Gewißheit: Jenseits aller Vernunft. Freude. Friede.
> Weltvergessenheit und Vergessen aller Dinge außer Gott.
> Die Welt hat dich nicht erkannt, aber ich habe dich erkannt.
> Freude! Freude! Freude! Tränen der Freude!

Kapitel 4

Die Strahlen der Liebe

Die Erfahrung von Liebe und Einssein

Und wir sind auf der Erde eine kleine Weile,
Auf daß wir lernen, der Liebe Strahlen zu ertragen.

– William Blake

Es gibt nur ein Bewußtsein, ein allgegenwärtiges
Bewußtsein,
Allhaft. Sein allerheiligster Name ist Liebe. ...
Es ist das Erhabene am Menschen,
Unsere zenitgleiche Großartigkeit, uns selbst als Teile
und Glieder eines einzigen wundersamen Ganzen zu
erkennen!

– Samuel Taylor Coleridge

Die meisten von uns haben schon den Satz „Gott ist Liebe“ gehört und sogar selbst viele Male nachgesprochen. Aber wissen wir auch, was wir mit den Worten meinen, die wir da so leichthin gebrauchen? Die Mystiker sagen, sie wissen es. Die meisten von uns haben auch der Vorstellung Lippendienst erwiesen, daß wir alle Schwestern und Brüder sind, aber haben wir dieses Einssein auch tatsächlich erfahren? Die Mystiker behaupten, es erfahren zu haben.

An diese beiden Vorstellungen – die Liebe Gottes und zu Gott und die Liebe zur Menschheit, Kernüberzeugung der meisten größeren Religionen – glauben die meisten von uns, weil wir intuitiv auf das reagieren, von dem wir gefühlsmäßig meinen, daß es wahr sein sollte. Andere Menschen schieben Spiritualität beiseite, weil sie in ihrem Leben oder in der Welt kein Anzeichen für die Liebe und Einheit sehen, von denen man ihnen sagt, daß sie daran glauben sollen. Im ersten Satz seines Buches *Göttliche Liebe und Weisheit* stellt Emanuel Swedenborg fest: „Der Mensch weiß, daß es so etwas wie Liebe gibt, aber er weiß nicht, was Liebe ist.“[46] Vielleicht ist dies der Grund, warum die überwältigende Gewißheit einer mächtigen, alles umfassenden Liebe, zusammen mit der tatsächlichen Erfahrung eines Einsseins mit der ganzen Schöpfung, die emotionell erbaulichste Erfahrung ist, die die Mystiker vermitteln.

Die mystischen Seher nehmen durch ihre Offenbarungen häufig einen ursächlichen Zusammenhang zwischen Liebe und Einssein wahr, und diese integrierende Kraft der Liebe wird von ihnen häufig als das Wesen Gottes interpretiert. Mit anderen Worten: „Gott ist Liebe“, und diese Liebe beseelt Gottes gesamte Schöpfung. Der Arzt Maurice Bucke, der Schriftsteller F. C. Happold und der Priester und Paläontologe Teilhard de Chardin haben jeder für sich ähnliche Einsichten in die Wirklichkeit von Liebe und Einssein gewonnen.

Bucke behauptete, daß das, was wir Liebe nennen, das Grundprinzip der Welt ist. Happold nahm die Liebe als eine Kraft wahr, die durch die Schöpfung wirkt. In einer schon an früherer Stelle zitierten Erfahrung bemerkt er, daß er sich „eines lieblichen, unerklärlichen Musters in der ganzen Struktur der Dinge bewußt [war], eines Musters, von dem alles und jeder ein Teil war; und das Muster wurde von einer Macht gewebt; und diese Macht war das, was wir mit einem so schwachen Ausdruck Liebe nennen." Teilhard de Chardin definierte Liebe als „eine beseelende Energie, die das Universum durchpulst" und als „'die höchste spirituelle Energie', die alle Elemente und Personen in ihrer 'unersetzlichen und unvermittelbaren Essenz' in einem universellen Prozeß der Einswerdung verbindet."[47]

Es ist faszinierend zu erkennen, daß die Offenbarungen des Einsseins, die die Mystiker erfahren, in Einklang sind mit neuesten Spekulationen in der Physik. Erwin Schrödinger, der im Jahre 1933 für seinen Beitrag zur Wellenmechanik den Physiknobelpreis gewann, behauptete, „daß alles Bewußtsein wesentlich *eins* ist". Fritjof Capra argumentiert in *The Tao of Physics* (Das Tao der Physik), eine der wichtigsten Enthüllungen der modernen Physik sei eine Einsicht in die zugrundeliegende Einheit des Universums. Eine ausführlichere Erörterung der Aspekte, in denen sich Mystik und moderne Physik gleichen, wird in einem späteren Kapitel über das Wesen der Wirklichkeit fortgesetzt werden.

Die folgenden Erfahrungen zeigen sowohl die Tiefe der Liebe, welche die Mystiker entdecken, als auch, wie die Liebe selbst ein Katalysator sein kann, der zur Erleuchtung führt.

Der britische Autor Sir Francis Younghusband hatte ebenfalls eine Erkenntnis, daß Liebe das grundlegende Prinzip der Welt ist. In *Heart of Nature* (Das Herz der Natur) geht er auf die Erfahrung ein, die er machte, während er in die Betrachtung der Großartigkeit des Himalajagebirges versunken war.

> Ich hatte ein merkwürdiges Gefühl, buchstäblich in die Welt verliebt zu sein. Es gibt keinen anderen Weg,

> wie ich ausdrücken kann, was ich damals empfand. Ich hatte das Gefühl, mich kaum beherrschen zu können aufgrund der Liebe, die in mir aufbrach. Es schien, als wäre die Welt selbst nichts als Liebe ... Hintergrund und Grundlage der Dinge, so wußte ich mit aller Gewißheit, war Liebe – und zwar nicht bloß mildes Wohlwollen, sondern aktive, leidenschaftliche, hingebungsvolle Liebe und nichts Geringeres. Die ganze Welt schien in Liebe entbrannt, und die Herzen der Menschen brannten danach, miteinander in Berührung zu sein.[48]

Die Offenbarung „Gott ist Liebe“ kam einem vierzehnjährigen Mädchen auf seltsame Weise. Während sie ein religiöses Treffen junger Leute besuchte, verspürte sie einen unerklärlichen, aber gebieterischen Drang, den Gottesdienst gegen Ende zu verlassen und an eine andere Stelle in der Kirche zu gehen. Sie hatte folgendes Erlebnis:

> Ich erinnere mich vage an Türen in allen Richtungen und schließlich daran, daß jemand mich nach oben wies. Ich wollte nicht nach oben gehen, aber da ich nicht wußte, wohin ich sonst gehen sollte, ging ich. Ich erinnere mich, daß ich das staubige, unfreundliche Aussehen des Ortes bemerkte, während ich hinaufstieg, bis, als ich mich der obersten Stufe näherte, etwas Unerklärliches geschah. Es war, als wäre ich plötzlich durch die Nebelschleier hindurch- und in eine klare, schöne Atmosphäre hineingestoßen worden. Ich konnte weder sehen noch hören. Ich spürte bloß eine unbeschreibliche Ekstase, da ich mir plötzlich einer überwältigenden Liebe bewußt war, die alles umgab, was war, ist und noch sein wird. Sie war allumfassend und zur selben Zeit persönlich und

> erhob mich zu herrlichen Höhen. Ich kann mich erinnern, daß ich frohlockend empfand: „Das ist Gott", und Gott war letztendlich sowohl persönlich als auch unermeßlich. Ich wünschte, mir stünden die Worte zu Gebote, um die Kraft, die Tiefe, die Unendlichkeit, die Sanftheit, die Heiterkeit und die Vertrautheit, die sich da vermischten, richtig zu beschreiben. Irgendwie trennt man die Eigenschaften, die sich da zeigten, nicht. Man möchte nur die Einheit von alldem genießen.[49]

Der folgende Vorfall ist wichtig, weil er die Offenbarung der Liebe und Einheit zwischen einem Mann und einer Gruppe von vollständig Fremden in ganz alltäglicher Umgebung beschreibt:

> Ich wartete in einem kleinen Warteraum des Bahnhofs auf den Zug. Ungefähr fünfzehn oder zwanzig andere Leute waren dort zu demselben Zweck versammelt, alles für mich vollkommen Fremde. Einige saßen da und lasen Zeitungen oder redeten, und andere standen und drängten sich um einen Ofen in der Ecke des Raumes zusammen. Es herrschte das übliche unterdrückte Gemurmel von Stimmen mit gelegentlichem Gelächter dazwischen. Es war eine vertraute, ziemlich gewöhnliche Szene.
>
> Plötzlich war ich mir irgendeines mysteriösen Kraftstromes bewußt, subtil, aber von ungeheurer Stärke, der diesen kleinen schäbigen Wartesaal zu durchfluten schien. Eine Art Glorienschein ließ sich auf die versammelte Gesellschaft herab – so schien es mir jedenfalls. Ich sah die Gesichter derer an, die mich umgaben, und sie schienen von einem inneren Leuchten übergossen. Ich erfuhr in diesem Augenblick ein Gefühl tiefster Verwandtschaft mit jeder ein-

zelnen Person, die dort war. Ich liebte sie alle! – aber mit einer Art von Liebe, die ich noch nie zuvor verspürt hatte. Es war ein alles umfassendes Gefühl, das uns unauflöslich in einer tiefen Einheit des Seins zusammenband. Ich verlor dann alles Empfinden von persönlicher Identität. Diese Leute waren nicht länger Fremde für mich. Ich *kannte* sie alle. Wir waren nicht länger separate Individuen, jeder eingeschlossen in seine eigene private Welt, getrennt von all den Schranken gesellschaftlicher Konventionen und persönlicher Exklusivität. Wir waren eins miteinander und mit dem Leben, welches wir alle gemeinschaftlich lebten.[50]

Die Wahrnehmung großer kosmischer Liebe ist nicht nur ein Produkt der mystischen Erfahrung, sondern sie ist auch häufig eine treibende Kraft dieser Erfahrung. Das Gefühl und das Geben selbstloser Liebe kann ein machtvoller Auslöser für die beseligende Vision sein, da diese Liebe davonzufliegen und wie ein Bumerang zu dem, der sie aussendet, zurückzukehren scheint.

Jim Harrison war auf den ersten Blick kein sehr wahrscheinlicher Kandidat für eine mystische Erfahrung. Er war ein Tabakpflanzer in Simbabwe und hatte während des Zweiten Weltkriegs im Nahen Osten und in Italien Aufklärungsflüge durchgeführt. Obwohl er kaum ein religiöser oder kontemplativer Denker war, stellte er eines Tages die Frage nach der Wahrscheinlichkeit eines Gottes, der die Gebete seiner Frau, die krank war, ignorierte. Als er hierüber nachgrübelte, kam ihm der Einfall, daß es vielleicht der freie Wille eines Menschen war, der sein oder ihr Mißgeschick verursachte. Sein Gedankengang verlief dann wie folgt:

Vielleicht lag es letztendlich in Wirklichkeit überhaupt nicht an Gott! Also dachte ich dann: Nun gut, ich nehme alles zurück; und indem ich mein Herz mit der zärtlichen Liebe erfüllte, die ich häufig nur meiner kleinen Tochter vorbehielt, richtete ich diese Liebe auf ihn und dachte: Wenn du existierst, dann schenke ich dir meine Liebe.

... Ich konnte fühlen, wie diese Liebe unablässig weitergegeben wurde, und dann kam sie plötzlich zurück – ein strahlend heller Lichtstrahl aus dem Himmel, bei weitem heller als die Sonne des späten Vormittags, der mich mit einer solchen Intensität von Glück und Liebe durchdrang, daß ich da, wo ich gerade ging, stehenblieb und vor Freude einen Luftsprung machte – und der etwa fünf bis zehn Sekunden blieb, bis er verblaßte. Ich wußte intuitiv, daß dieses Licht, ganz klar zu sehen, das sich in den Himmel hinein erstreckte, irgendwie, auf geheimnisvolle Weise von innen her stammte.

Da wußte ich dann also mit Sicherheit, daß Gott tatsächlich existiert, daß er Liebe ist, daß er Freude ist, daß er Licht ist, daß er so sehr von innen stammt wie von außen und daß wir allein für unsere eigenen Leiden und Probleme infolge des Mißbrauchs unseres freien Willens verantwortlich sind.[51]

In 1. Korinther 13 wird uns berichtet, von wie entscheidender Bedeutung die Macht der Liebe ist. „Nun aber bleibt Glaube, Hoffnung, Liebe, diese drei; am größten aber unter diesen ist die Liebe“ (1. Kor. 13, 13). „Die Liebe hört niemals auf“ (1. Kor. 13, 8). Schöne Worte, aber für die meisten von uns eben bloß Worte. In der mystischen Erfahrung gibt es jedoch ein Anzeichen dafür, daß die Liebe nicht versagt, daß die Liebe, wenn wir uns ganz öffnen und unseren separaten „Ego-Willen“ ablegen, in unserem Leben Wunder bewirken wird. Die folgende Erfahrung veranschaulicht die heilende Kraft der Liebe.

Ein junger Mann machte mit einer jungen Frau, die er liebte

und später heiraten wollte, einen Spaziergang auf dem Land. Sie litt an schwerem Asthma, das besonders heftig wurde, wenn sie sich anstrengte. Als sie einen Hügel erstiegen, fühlte er sich ziemlich verzweifelt wegen der immer deutlicher werdenden Symptome, und sein Herz öffnete sich ihr weit in Mitgefühl und Liebe. Die Geschichte geht mit seinen Worten weiter:

> Wir kämpften uns weiter den Hügel hinauf, und als nächstes bemerkte ich, daß die ganze Örtlichkeit von einem außerordentlichen, strahlenden Licht erleuchtet wurde. Es war ein wolkenverhangener und trüber Tag, und diese äußerst intensive Beleuchtung schien ihren Ursprung nicht in irgendeinem feststehenden Zentrum zu haben, sondern war gleichmäßig über das gesamte Gelände verteilt. Begleitet wurde dieses Licht von einer Empfindung, daß da eine unwiderstehliche Macht gegenwärtig war, die gänzlich und absolut gütig war, und soweit ich betroffen war, auch von einem Gefühl vollkommenen Glücks und Wohlbefindens, das ganz unmöglich zu beschreiben ist. Die Gewißheit alles durchdringender und unveränderlicher Liebe war so gewaltig, daß ich einfach völlig absorbiert von dieser außerordentlichen Erfahrung weiter den Hügel hinaufging, wobei ich mir der materiellen Umgebung überhaupt nicht mehr bewußt war. Nach einer beträchtlichen Zeitspanne – ich denke, ein paar Minuten – verblaßte das Licht nach und nach, und ich sagte zu meiner Begleiterin: „Hast du das gesehen?“
>
> Aber sie hatte nichts Ungewöhnliches bemerkt, und so war die Erfahrung offensichtlich psychischer, nicht physischer Natur. Sie drehte sich jedoch zu mir um und sagte: „Mein Asthma ist ganz weg“ – und die Krankheit ist nie wieder aufgetreten.[52]

Der Leser bzw. die Leserin hat wahrscheinlich die Beobachtung gemacht, daß in der mystischen Erfahrung die Liebe und das Einssein, die offenbart werden, nicht nur für die eigenen Mitmenschen bestimmt sind, sondern für alle Geschöpfe. In der Tat sind wir Menschen – wenn die Mystiker recht haben – in einem Universum zu Hause, in dem wir mit der ganzen Schöpfung verwandt sind – der tierischen, der pflanzlichen und der mineralischen. Wir erinnern uns an Jakob Böhmes erste Erleuchtung, als sich ein Schleier von der Natur zu heben schien und er sah, daß das Gras und die Blumen von einer göttlichen Kraft beseelt waren, die durch alles hindurchfloß. Ein modernerer Mystiker, Teilhard de Chardin, vermittelte dieselbe Weisheit, als er schrieb: „Alles, was aktiv ist, was sich bewegt oder atmet, jede physische, astrale oder beseelte Energie, jedes Kraftfragment, jeder Funken Leben ist gleichermaßen heilig; denn im bescheidensten Atom und im strahlendsten Stern, im niedrigsten Insekt und in der höchsten Intelligenz sind das strahlende Lächeln und die Erregung *desselben Absoluten*.“[53]

Die nächste Geschichte zeigt nicht nur anschaulich die wesentliche Einheit allen Lebens, sondern sie ist auch ein gutes Beispiel für einen anderen Auslöser der mystischen Erfahrung – seltsam genug ist dies die Verzweiflung. Der hier schreibt, war schwerkrank gewesen. In seiner Krankheit und seiner allgemeinen Desillusionierung gegenüber dem Leben fand er die Menschen ihrem Wesen nach voneinander isoliert und das Leben insgesamt sinnlos. Tatsächlich hatte er ein Stadium des Aufgebens erreicht. Wir haben bereits gehört, daß die Natur kein Vakuum mag. In den folgenden Abschnitten können wir beobachten, wie diese ‘Leere’ gefüllt wurde:

> An diesem speziellen Tag wanderte ich allein hinaus zu einem wiesenartigen Gelände und setzte mich am Stamm einer Kiefer nieder. Der Tag war schön und warm: die Zeit kurz vor Mittag ... Ich weiß nicht,

> wie lange ich da saß, aber nach einer Spanne „leeren“ Genießens wurde ich mir vieler der Objekte, die sich im Gelände befanden, intensiv bewußt. Die Felsen, die Bäume, die Vögel, der Fluß, die Wolken, die Blumen wurden für mich äußerst bedeutungsvoll. Ich erkannte, daß die Felsen, die Bäume usw. ich waren; ich sie; alles Brüder. Und es erfüllte mich mit überfließender Freude, diese Verwandtschaft zu erkennen. ...
>
> Aufgrund dieser Erfahrung weiß ich, daß *alles*, was an diesem Vorgang beteiligt ist, Gott ist, Liebe ist, Licht, Glückseligkeit... daß alles in Wanderschaft, in Bewegung ist hin auf das Große Erwachen zu jenem Etwas, welches seiner Essenz nach alles ist. Nichts, nichts ist vom „erlösenden“ Prozeß ausgenommen. Nicht nur alle Menschen, sondern Menschen und Felsen und Sterne und Bäume sind Brüder, sind göttlich, tragen in sich den Glanz, der zu sich selbst erwacht.[54]

Über eine ähnliche Erfahrung berichtet Bruder Mandus [Heinrich Mande, +1431; Anm. d. Ü.] in seiner Autobiographie. Er erinnert sich:

> Die größte Erfahrung in meinem Leben [war]..., als ich vom Heiligen Geist im Innern getauft wurde. Eine vollkommene Sekunde lang, unerwartet, unangekündigt und während ich eine triviale Aufgabe erledigte, waren mein persönliches Bewußtsein und mein Körper in *Licht* getaucht: eine atemlose, unerträgliche *Licht-Vollkommenheit*, so intensiv wie die Explosion eines Blitzes in mir ... In dieser zeitlosen Sekunde erfuhr ich eine Liebe, ein Wissen und eine Ekstase, die über alles hinausgingen, was ich verste-

> hen oder beschreiben könnte. Ich wurde in die Mitte Gottes erhoben, in dem alle Menschen, alle Welten und jedes geschaffene Leben oder Ding webte und war.[55]

Bernadette Roberts, die über ihre große spirituelle Suche in ihrem *Buch The Experience of No-Self: A Contemplative journey* (Die Erfahrung des Nicht-Selbst-Seins: Eine kontemplative Reise) berichtet, beschreibt eine Veränderung der Sichtweise, die einsetzte, als sie in den Sierra Mountains zeltete. Die Veränderung der Sichtweise war Teil einer länger ausgedehnten mystischen Erfahrung. „Allmählich", so schrieb sie, „begann ich eine Verlagerung in diesem Sehen zu bemerken. Wo es zuerst sehr nebelhaft und allgemein gewesen war, bemerkte ich bald, daß, wenn ich mich visuell ganz auf eine einzelne Blume, ein Tier, eine andere Person oder irgendein bestimmtes Objekt konzentrierte, die Besonderheit langsam zu schwinden und in ein nebelhaftes Einssein einzugehen pflegte, so daß mein Bewußtsein das Objekt nicht mehr als deutlich abgegrenztes wahrnahm."[56] Es ist nicht ungewöhnlich unter Mystikern, die „das Leben im Zustand des Geeintseins" erlangen, daß sie eine solche Veränderung in ihrer Sichtweise erleben, während sie die Fähigkeit zurückbehalten, sich nach Belieben in die alltägliche Realität ein- und wieder aus ihr auszublenden.

An anderer Stelle in ihrem Buch beschreibt Roberts eine erfrischende Erfahrung des Einsseins mit der Natur, die auftrat, während sie an einem Retreat bei den Einsiedlermönchen des Big Sur teilnahm.

> Ungefähr am zweiten Tag, gegen späten Nachmittag, stand ich auf ihrem windigen Bergabhang und sah hinab auf das Meer, als eine Möwe in Sicht kam, gleitend, herabtauchend, mit dem Wind spielend. Ich beobachtete sie, wie ich noch nie zuvor irgend et-

> was in meinem Leben beobachtet hatte. Ich schien beinahe erstarrt zu sein; es war, als sähe ich mir selbst beim Fliegen zu, denn zwischen uns war nicht der gewöhnliche trennende Abstand. Aber da war noch etwas mehr als nur ein Fehlen von Getrenntsein, „etwas“ wahrhaft Schönes und Unerkennbares. Schließlich wandte ich meine Augen zu den pinienbedeckten Hügeln hinter dem Kloster, und immer noch war da keine Trennung, nur etwas „dort“, das mit jeder Aussicht und mit jedem bestimmten Objekt des Sehvermögens und durch diese hindurchfloß. Das Einssein von allem zu sehen, ist so, als würden einem 3D-Gläser vor die Augen gehalten; ich dachte bei mir: Ganz bestimmt ist das, was gemeint ist, wenn man sagt: „Gott IST überall.“[57]

Martin Buber, der berühmte jüdische Theologe, hatte schon in einem sehr frühen Alter mystische Wahrnehmungen. Von seinem Vater, der ein großes Gut leitete, lernte er, Tiere ebenso zu achten wie Menschen. Er besaß ein besonderes Bewußtsein, das ihn befähigte, tiefe Beziehungen einzugehen, nicht nur zu Menschen, sondern zu allen Geschöpfen.

In seiner Autobiographie beschrieb Buber eine Affinität, die er zu einem Pferd hatte, das seinen Großeltern gehörte. In einem Sommer, als er elf war und seine Großeltern auf ihrem Gut besuchte, stahl er sich bei jeder Gelegenheit unbeobachtet in den Stall und streichelte den Nacken von „meinem Liebling, einem stämmigen Apfelschimmel“. Er fährt dann fort:

> Es war kein beiläufiges Vergnügen, sondern ein großes, ganz gewiß freundliches, aber auch tief berührendes Geschehen. Wenn ich es jetzt erklären soll, beginnend bei der immer noch sehr frischen Erinnerung meiner Hand, muß ich sagen, daß das, was ich

> in Berührung mit dem Tier erfuhr, das Andere war, das immense Anderssein des Anderen, das jedoch nicht fremd blieb wie das Anderssein des Ochsen und des Schafbocks, sondern mich ihm vielmehr näherkommen und es berühren ließ. ... Das Pferd hob, selbst wenn ich nicht damit angefangen hatte, ihm Hafer in die Futterkrippe zu schütten, sehr sachte seinen massiven Kopf, wobei die Ohren zurückgingen, und schnaubte dann rasch, so wie ein Verschwörer ein Signal gibt, das nur von seinem Mitverschwörer erkennbar sein soll; und ich war akzeptiert.[58]

In seinem hübschen kleinen Buch *Kinship With All Life* (Verwandtschaft mit allem Leben) berichtet J. Allen Boone über seine Erfahrung mit dem großen Schäferhund Strongheart, der aus manchen Kinofilmen bekannt ist. Die gegenseitige, intelligente, einfühlsame Beziehung, die er zu Strongheart fand, führte ihn zu einer Untersuchung über die mögliche Kommunikation mit anderen Tieren.

In der ersten Nacht, in der Strongheart sich bei Boone aufhielt, tauchte das Problem auf, wo er schlafen würde. Er und Boone hatten verschiedene Vorstellungen davon. Strongheart war jedoch in der Lage, Boone die Gründe zu vermitteln, die hinter seiner Wahl des Schlafplatzes standen. Hinterher, als Strongheart schon lange schlief, war Boone noch „völlig wach vor Erstaunen." Im folgenden berichtet er über seine geistige Verfassung:

> Ich hatte in meiner Art von Sprache zu Strongheart gesprochen, einer Sprache der Gedanken und Gefühle, die in menschliche Klangsymbole gekleidet ist. Er war tatsächlich in der Lage gewesen, aufzunehmen und zu verstehen, was ich gesagt hatte. Dann hatte er mir in seiner Art von Sprache geantwortet, einer Sprache, die aus einfachen Tönen und Panto-

> mime bestand und bei der er offensichtlich das Gefühl hatte, ich könnte ihr ohne allzu große Schwierigkeit folgen. Strongheart hatte mich vollkommen verstanden, und dann hatte er es mit seiner ausgeprägten und eindringlichen Hundeweisheit möglich gemacht, daß auch ich ihn verstand.[59]

Aus seinem Verhalten war offensichtlich, daß Strongheart nicht nur Boones verbale Sprache verstehen konnte, sondern auch in der Lage war, seine Gedanken zu erfassen. Als Boone dies klar wurde, entschied er, dies müsse auch umgekehrt möglich sein. Nach einer Menge Studium und Konzentration war Boone in der Lage, ohne äußere Hilfsmittel geistig mit Strongheart zu kommunizieren.

Verblüfft von dem Vollbrachten und in dem Wunsch, es besser zu verstehen, suchte Boone nach anderen, die diese Fähigkeit ebenfalls entwickelt hatten. Schließlich fand er sie auch und war im Laufe der Zeit fähig, mit vielen Tieren und auch Insekten zu kommunizieren, eingeschlossen Würmer und Ameisen. Er schloß sogar eine besondere Freundschaft mit einer Fliege, die zu einem ausgedehnten Besuch bei ihm blieb. Die Grunderfordernis für diese Erfahrungen, so seine Erkenntnis, war eine vollständige Änderung der eigenen Ansichten über das Wesen des Tierreichs.

Ein weiterer Pionier auf dem Gebiet der Beziehungen zwischen Tieren und Menschen war Barbara Woodhouse aus Großbritannien, die ein intuitives Verständnis für die menschliche Verwandtschaft mit allen Geschöpfen besaß. In ihrer Autobiographie *Talking to Animals* (Mit Tieren reden), die 1954 veröffentlicht wurde, erzählt sie von einem Leben, das ganz der Pflege und der Ausbildung von Tieren gewidmet war, besonders Pferden, Hunden und Tieren auf dem Bauernhof. Ihr harmonisches Verhältnis zu ihnen und ihr Mitgefühl brachten ihr ihre Liebe und Loyalität ein. Sie konnte mit den widerspenstigsten Hunden und Pferden umgehen; ihre Kinder konnten ihre Färsen und sogar ihre Bullen reiten, so sanft waren sie unter ihrer Pflege geworden. Woodhouse schreibt ihre große Fähigkeit, mit Tieren zu kommunizieren, ihrer tiefen Liebe und ihrem Mangel an Furcht zu, die zusammen eine Atmosphäre gegenseitigen Vertrauens und ebensolcher Achtung erzeugen.

Meister Eckhart, ein Dominikaner des vierzehnten Jahrhunderts, der als einer der tiefgründigsten und gelehrtesten Mystiker aller Zeiten angesehen wird, predigte häufig über die Gleichheit und das Einssein aller Geschöpfe. Er glaubte – Matthew Fox, einem Dominikaner unserer Tage, der seinem Weg folgt, zufolge –, daß „nur ein Bewußtsein für unser Gleichsein mit allen Dingen zu wahrer *Sanftheit* und wirklichem *Frieden* führt".[60] In seinen Predigten hat Eckhart u.a. gesagt: „Der höchste Engel, das Bewußtsein und die Mücke haben ein gleiches Modell in Gott" und „Der größte Segen im Himmel und auf Erden basiert auf der Gleichheit"[61].

Das Wissen, daß wir eins mit der gesamten Schöpfung sind, hat bedeutende Implikationen. Was am wichtigsten ist: Wir können uns nicht isolieren und als höhere Wesen ansehen und andere Lebensformen wie auch einander mißachten, ohne dabei uns selbst zu schaden. Selbst wenn wir der Ansicht sind, daß die Menschen untereinander gleichrangig an erster Stelle stehen, haben wir gerade aus diesem Grund eine große Verantwortung als Verwalter des Lebens auf unserem Planeten. Wie die Bibel berichtet, ist uns „Herrschaft" über Gottes Schöpfung verliehen worden, die Gott für „gut" erklärte (1. Mose 1,26,31).

Eine solche Einsicht räumt uns eine unglaubliche Gelegenheit ein. Sie besteht darin, jene Art von Handeln zu entdecken und zu praktizieren, die wirklich das Beste aller befördert. Wir sind aufgerufen, ökologische Verantwortung zu übernehmen und auf ein Gleichgewicht in der natürlichen Ordnung hinzuarbeiten. Was für eine Offenbarung zu erkennen, daß wir das, was wir unserem Planeten, unseren Brüdern und Schwestern und unseren tierischen und mineralischen Mitbewohnern auf der Erde antun, uns selbst antun! Wenn wir Krieg führen, führen wir Krieg gegen uns selbst. Wenn wir hassen, hassen wir uns selbst.

Die meisten Menschen kennen meiner Meinung nach diese Wahrheit in ihrem Herzen, aber die Offenbarungen der Mystiker machen sie unübersehbar und unmittelbar und eindringlich nachvollziehbar. Wenn die Liebe, wie die mystische Erfahrung es so einheitlich und übereinstimmend suggeriert, das grundlegende Prinzip der Welt ist und wenn wir dasselbe heilige Leben mit Gottes ganzer Schöpfung teilen, dann können wir es nicht vermeiden, uns dem Sinn und den Konsequenzen unseres Verhaltens zu stellen.

Der große Dichter und Mystiker John Donne aus dem siebzehnten Jahrhundert brachte das spirituelle Einssein und das Untereinanderverbundensein der Menschenschicksale in dem folgenden Abschnitt aus seinem Essay „Meditation“ zum Ausdruck:

> Kein Mensch ist eine Insel, aus sich selbst ein Ganzes; jeder Mensch ist ein Stück des Kontinents, ein Teil des Festlands; wenn eine Erdscholle vom Meer fortgespült werden sollte, ist Europa dadurch desto weniger, so wie es auch ein Landgut, das deinen Freunden oder dir gehört, wäre; jedes Menschen Tod beeinträchtigt mich, weil ich untrennbar an der Menschheit Teil habe; und daher schicke niemals aus, um zu erfahren, wem die Stunde schlägt; sie schlägt für dich.

Kapitel 5

Du kannst ewig weit sehen

Die Erfahrung absoluten Wissens

An einem klaren Tag
Erhebe dich und schau dich um
Und du wirst sehen, wer du bist.
An einem klaren Tag
Wie wird es dich da überraschen
Daß die Herrlichkeit deines Seins heller als jeder Stern ist.

Du fühlst dich als Teil jedes Bergs, jedes Meers, jeder Küste
Du kannst hören von weit und von nah
Eine Welt, die du nie zuvor vernahmst.
An einem klaren Tag
An jenem klaren Tag
Kannst du ewig weit sehen und immer noch weiter.

– Alan Jay Lerner

„Schnell erhob und verbreitete sich um mich der Friede und das Wissen, das über alle Streiterei der Erde hinausgeht“, schrieb Walt Whitman in „Lied von mir selbst“. Ein unglaublicher Anspruch! Und doch sagen die Mystiker praktisch mit einer Stimme, daß sie in ihren Augenblicken mystischer Vereinigung die Wahrheit erfahren: eine universelle, alles in sich schließende Wahrheit. Nach der Erfahrung bleibt ihnen auch nicht ein gestärkter Glaube oder eine stärkere Überzeugung, sondern absolute Gewißheit. Ein Vers aus einem Gedicht von Frederic W. H. Myers illustriert kraftvoll, wie stark sie für sich in Anspruch nehmen, der Gegenwart Gottes unmittelbar begegnet zu sein.

> Wer so den Geist des Höchsten hat verspüret,
> Kann Ihn nicht mehr verwechseln noch bezweifeln:
> Ja, wenn mit einer Stimme auch, o Welt, du leugnest,
> Stell du auf jene Seite dich, denn ich stehe auf dieser.

Henry David Thoreau hat ebenfalls in Versen die Schönheit des mystischen Wissens ausgedrückt, das er empfing.

> Hörkraft empfange ich, der ich nur Ohren hatte,
> Und Sehvermögen, der nur Augen ich besaß;
> In Augenblicken leb' ich, der zuvor nur Jahre lebte,
> Und nehme Wahrheit wahr, der ich des Lernens Last nur kannte.
> Ich höre über den Bereich des Klangs hinaus,
> Ich seh' hinaus über des Sehvermögens Grenzen,
> Neue Erden, und Himmel und Meere ringsumher,
> Und es verblaßt vor meinem Tag der Sonne Licht.

Und dann, um die Sache für uns übrige noch schwieriger zu machen, behaupten die Mystiker, daß sie uns diese Offenbarungen nicht wirklich übermitteln könnten, weil sie unbeschreiblich und voller Paradoxe seien. Dieser Punkt ist es, an dem das Mitteilungsvermögen der Mystiker in der Regel zusammenbricht, wohingegen die anderen Aspekte der mystischen Erfahrung wie Freude, Schönheit und Liebe leichter vermittelbar sind. Die meisten von uns würden keinen Anstoß daran nehmen, wenn sie hörten, daß jemand eine Erfahrung von großer Freude und großem Frieden hatte; aber wenn diese Person dann enthüllt, daß er oder sie sich in die undifferenzierte Einheit hinein aufgelöst habe und eins mit dem Allen geworden sei und jetzt den Sinn des Lebens kenne, obwohl er oder sie es uns wirklich nicht erklären kann, dann könnte es sein, daß wir etwas skeptisch sind.

Unsere Glaubensbereitschaft wird noch mehr strapaziert, wenn wir erfahren, daß diese Erlebnisse in einem ewigen Jetzt stattfinden, außerhalb der Zeit, so wie wir sie erleben. Zeit und Raum, so wird uns gesagt, scheinen während der mystischen Erfahrung aufgehoben zu sein oder werden vielleicht auch transzendiert.

„Vergessen wir das Ganze“, ist dann vielleicht unsere erste Reaktion; „dieses Zeug ist zu ‘abgehoben’, als daß man es logisch betrachten könnte.“ Aber bevor wir aufgeben, wollen wir uns einmal ansehen, wer diese ‘komischen Käuze’, die Mystiker, eigentlich sind. Wenn wir entdecken, daß sie zu den größten schöpferischen Geistern und Denkern aller Zeiten gehören, dann könnten wir vielleicht zu der Entscheidung gelangen, noch ein bißchen abzuwarten und genauer zuzuhören. Eine umfassende Liste all dieser wohlbekannten Leute würde etliche Seiten in Anspruch nehmen, aber das ‘Format’, um das es dabei geht, läßt sich durch ein paar Namen andeuten, die aus den vielen möglichen ausgewählt wurden.

Wenn Ralph Waldo Emerson, T. S. Eliot, Johannes Brahms, Anwar el-Sadat, Dag Hammarskjöld und Erwin Schrödinger ‘komische Käuze’ sind, dann brauchen wir vielleicht mehr

Kauzigkeit in der Welt. Es gibt noch zahllose andere, deren Ruf genauso groß ist, von denen ich viele auch bereits im Text erwähnt habe. Genauso wichtig sind die Berichte der Tausende von Mystikern, deren Namen uns vielleicht nichts sagen, aber deren Erfahrungen Zeugnis für eine Wirklichkeit ablegen, die die meisten von uns noch nicht entdeckt haben.

Eine Definition der mystischen Erfahrung besagt, sie sei eine andere Art des Erkennens. Happold hat das, was in der mystischen Erfahrung geschieht, als eine „Ausdehnung des rationalen Bewußtseins, die zu einer Erweiterung ... der Wahrnehmung führt", beschrieben[62]. Ken Wilber stellt in seinem faszinierenden Buch *Quantum Questions* (Quantenfragen) die These auf, daß „im mystischen Bewußtsein Realität direkt und unmittelbar aufgefaßt wird ... Subjekt und Objekt werden eins in einem zeitlosen und raumlosen Akt, der jenseits aller und jeder Formen von Vermittlung liegt"[63].

Die Wissenschaft hat unschätzbare Kenntnisse hervorgebracht und wird dies auch weiterhin tun. Aber viele der brilliantesten Wissenschaftler warnen uns, daß empirische Daten Grenzen haben. Sie deuten die Möglichkeit an, daß jeder von uns in seinem eigenen Bewußtsein Türen zur Wahrnehmung öffnen kann.

Eine beachtliche Anzahl von Physikern glaubt, während sie einerseits behaupten, daß die neuen Einsichten, die die Quantenphysik vermittelt, in keiner Weise die Gültigkeit einer Gottesvorstellung oder eine geistige Realität beweisen, andererseits doch auch, daß diese Einsichten in der Tat Hindernisse beseitigen, die einer Versöhnung von Wissenschaft und Religion im Wege stehen. Die folgenden Feststellungen von Arthur Eddington in *Science and the Unseen World* (Wissenschaft und die unsichtbare Welt) geben die wesentlichsten dieser Veränderungen im wissenschaftlichen Denken wieder und deuten an, daß es einen „anderen Weg" des Erkennens jenseits der wissenschaftlichen Methode gibt:

> Vielleicht die wesentlichste Veränderung ist die, daß wir nicht länger versucht sind, die geistigen Aspekte unseres Wesens wegen ihres Mangels an Konkretheit als illusorisch zu verdammen. Wir haben einen weiten Weg zurückgelegt, seit wir auf dem Standpunkt standen, welcher das Wirkliche mit dem Konkreten identifiziert.[64] Indem wir mit den Methoden physikalischer Untersuchung so tief in die Natur eines menschlichen Wesens eindringen, wie wir können, erreichen wir doch nur eine symbolische Beschreibung. Weit davon entfernt zu versuchen, ein Dogma aufzustellen und als Wesen der so symbolisierten Wirklichkeit auszugeben, besteht die Physik mit allem Nachdruck darauf, daß ihre Methoden nicht über das Symbolische hinausdringen. Sicherlich stellt dann jene geistige und spirituelle Natur unserer selbst, von der wir in unserem Bewußtsein durch einen engen und unmittelbaren Kontakt Kenntnis haben, der nicht mit den Methoden der Physik zu erfassen und zu definieren ist, genau jene Interpretation der Symbole zur Verfügung, die die Wissenschaft zugegebenermaßen nicht geben kann.[65]

Erwin Schrödinger, der Entdecker der „Wellenmechanik“, äußert sich in derselben Richtung wie Eddington. „Das wissenschaftliche Bild der realen Welt um mich herum“, so schrieb er, „ist sehr mangelhaft. Es gibt eine Menge an faktischer Information, bringt alle unsere Erfahrungen in eine großartig konsequente Ordnung, aber es ist gespenstisch still im Hinblick auf alles und jedes, was unserem Herzen nahe ist, was uns wirklich wichtig ist.“[66] In einem anderen Aufsatz, *Die Einheit des Bewußtseins,* bemerkt er: „Wir wissen, wenn Gott erfahren wird, dann ist dies ein so reales Ereignis wie ein unmittelbarer Sinneseindruck oder das Erleben der eigenen Persönlichkeit.“[67]

William James, ein anerkannter Philosoph und Psychologe des ausgehenden neunzehnten und frühen zwanzigsten Jahrhunderts, nahm in sein klassisch gewordenes Buch *The Varieties of Religious Experience* (Die verschiedenartigen Formen religiöser Erfahrung) eine eindringliche Studie der Mystik auf. Seine umfangreichen Nachforschungen über den Gegenstand führten ihn zu der folgenden Schlußfolgerung: „Mystische Erfahrungen sind für diejenigen, die sie machen, ebenso direkte Tatsachenwahrnehmungen, wie es nur je irgendwelche Empfindungen für uns waren.“[68] – „Unser normales Wachbewußtsein ... ist nur ein spezieller Typ von Bewußtsein, während rings um es herum, von ihm getrennt nur durch den dünnsten aller Filter, potentielle Bewußtseinsformen von gänzlich anderer Art liegen. ... Kein Bericht vom Universum in seiner Totalität kann endgültig sein, welcher diese anderen Bewußtseinsformen so gut wie unbeachtet läßt.“[69]

Wenn wir uns überzeugen lassen, den Grundsätzen der Mystik genauer zuzuhören, und zwar aufgrund des Formats derjenigen, die für ihre Gültigkeit sprechen, dann könnte unsere nächste Frage lauten: Was für Wahrheiten werden während dieser besonderen Zeiten kosmischen Bewußtseins über das Wesen der Realität enthüllt? Einige haben wir bereits besprochen: daß ein Einssein oder eine Einheit der ganzen Schöpfung zugrundeliegt und sie verbindet; daß Liebe die einigende Kraft ist, das „Grundprinzip der Welt“. Aber da ist noch viel mehr, was die Mystiker uns über das Wesen Gottes und der Menschheit, über Himmel, Hölle, Sünde, Zeit, Raum und Unsterblichkeit zu sagen versuchen, so eingeschränkt sie auch sein mögen durch eine Sprache, die keine Worte hat, um die Konzepte zu vermitteln, die sie erfassen, und die Paradoxe, denen sie gegenüberstehen.

Es ist das Wesen der mystischen Erfahrung, daß das menschliche Geschöpf eine direkte Erfahrung der transzendenten Realität bzw. Gottes hat. Für viele Mystiker geht die Erfahrung jedoch über den Kontakt hinaus und führt zu einer Vereinigung mit diesem „Urgrund unseres Seins“, in dem das individuelle Ego von einem größeren Leben umfangen ist. Arthur Koestler fand, wie wir uns erinnern, in Zelle 40 heraus, daß „das Ich aufgehört hatte zu existieren“, und dennoch empfand er, „daß die Erfahrung wirklicher war als jede andere zuvor erlebte.“ Das südafrikanische Schulmädchen Moyra Caldecott hatte beim Empfang der Kommunion eine ähnliche Erfahrung, die sie in beinahe identischen Worten ausdrückte. „Ich hörte plötzlich auf, ich zu sein (das heißt, in dem Sinne von ‘ich’, wie ich gedacht hatte, daß ich wäre ...).“ Claire Myers Owens, die in Kapitel Drei zitiert wurde, beschrieb ihre Erfahrung mit ähnlichen Worten. „Das gewöhnliche ‘Ich’ hörte auf zu existieren. Nichts von mir blieb außer einem bloßen Körnchen Bewußtheit.“

Tennyson, der englische Dichter aus dem neunzehnten Jahrhundert, hatte häufig eine ähnliche Erfahrung, bei der das Ego Teil eines größeren Ganzen wurde und der Verlust des individuellen Selbst als ein Gewinn in einem erhabeneren Leben gesehen wurde. Er beschreibt dies so:

> Eine Art von Wachtrance – aus Mangel an einem passenderen Wort – habe ich häufig gehabt, ziemlich von Kindheit an, als ich ganz allein gewesen bin. ... ganz plötzlich, sozusagen aus der Intensität des Bewußtseins der Individualität heraus, schien sich die Individualität selbst aufzulösen und in grenzenloses Sein hinein zu schwinden, und dies nicht ein verwirrter Zustand, sondern der klarste, der sicherste der sichersten, absolut nicht in Worte faßbar – wo der Tod eine beinahe lächerliche Unmöglichkeit war – und wo der Verlust der Persönlichkeit (wenn es denn so sein sollte) nicht als Auslöschung erschien, sondern als das einzig wahre Leben.[70]

In seinem Buch *Mysticism and Philosophy* (Mystik und Philosophie) hat W. T. Stace die Behauptungen der Mystiker im Hinblick auf eine Überschreitung des Selbst eingehend untersucht. Er studierte zahlreiche Beispiele aus unterschiedlichen Kulturen, Religionen und Zeiten, wobei er die Sprache, die jeweils benutzt wurde, um die Erfahrungen zu beschreiben, von den Interpretationen der Erfahrung trennte. Er fand die Berichte der Mystiker immer dann übereinstimmend, wenn sie für sich in Anspruch nahmen zu erleben, daß das Selbst „zugleich eins mit einem unendlichen und universellen Selbst wurde oder sich in ihm auflöste", während zur selben Zeit „die Grenzwälle des separaten Selbst dahinschwinden und das Individuum wahrnimmt, daß es über sich selbst hinausgelangt und in ein grenzenloses und universelles Bewußtsein verschmilzt"[71].

Nachdem er sich dem Gegenstand mit einer Menge Skepsis genähert hatte, gelangte Stace zu folgendem Schluß:

> Aber wenn wir eine sehr große Zahl solcher Berichte aus voneinander unabhängigen Quellen haben, von denen alle den ersten Bericht bestätigen, sollte unsere Skepsis etwas nachlassen. Und wenn wir herausfinden, daß solche voneinander unabhängigen Berichte aus vielen verschiedenen Kulturen, Zeiten und Ländern der Welt kommen – von den alten Hindus, von mittelalterlichen Christen, von Persern und Arabern, aus dem buddhistischen China, aus Japan, Burma und Siam, aus dem modernen Europa und von amerikanischen Intellektuellen –, dann liefert diese tief beeindruckende Übereinstimmung sehr starke Anhaltspunkte dafür, daß die Erfahrungen nicht falsch wiedergegeben wurden, sondern in der Tat genau das waren, wofür die Mystiker sie ausgaben.[72]

Vier Beispiele aus unterschiedlichen Zeiten und Religionen könnten dazu dienen, dem Leser diese Behauptungen, daß die Möglichkeit einer Vereinigung mit dem Transzendenten besteht, noch lebhafter vor Augen zu führen, wobei wir uns daran erinnern wollen, daß wir bereits durch Arthur Koestler, einen modernen Intellektuellen, und Tennyson, einen Dichter des neunzehnten Jahrhunderts, mit ihnen bekanntgemacht worden sind.

Die folgende Passage findet sich in der antiken Heiligen Schrift der Hindus, den Upanishaden:

> Wie ein Klumpen Salz, der in Wasser geworfen wird, dahinschmilzt ..., genauso, o Maitreyi, ist die individuelle Seele, aufgelöst, das Ewige – reines Bewußtsein, unendlich, transzendent. Individualität entsteht durch die Identifikation des Selbst, aus Unwissenheit, mit den Elementen; und mit dem Verschwinden des Bewußtseins der vielen, in göttlicher Erleuchtung, verschwindet sie.[73]

Al-Junayd, ein Sufi-Mystiker, gebraucht im Jahre 910 beim Beschreiben dieser ultimativen mystischen Erfahrung ähnliche Worte. „Der Heilige ... ist eingetaucht in den Ozean durch Einswerden, durch Entwerden von sich selbst. ... Er läßt seine eigenen Gefühle und Handlungen hinter sich, wenn er in das Leben mit Gott übergeht."

Heinrich Seuse, ein katholischer Mystiker des vierzehnten Jahrhunderts, gab diese Beschreibung:

> Wenn der Geist durch den Verlust seiner Selbstbewußtheit seinen Wohnsitz in völliger Wahrheit in dieser herrlichen und blendenden Dunkelheit errichtet hat, wird er von jedem Hindernis zu einer Vereinigung frei gemacht und von seinen individuellen Besitztümern ..., wenn er in Gott hinein entwird. ... In diesem Verschmelzen seiner selbst in Gott hinein entwird der Geist.[74]

Martin Buber erklärte in seinem Buch *Ecstatic Confessions* (Ekstatische Bekenntnisse), daß in diesen intensiven Momenten mystischen Bewußtseins „die Seele die ... Einheit von Ich und Welt [erfährt]; nicht länger einen ‘Inhalt’, sondern das, was unendlich mehr ist als jeder Inhalt“[75]. Und in einem späteren Abschnitt schrieb er: „Die elementare Vorstellung in diesem Mysterium ist eine Vereinigung ... mit Gott. Ekstase ist ursprünglich ein Eintreten in Gott ... ein Erfülltwerden mit dem Gott.“[76]

In den letzten drei Beispielen behaupten die Mystiker, mit Gott verschmolzen zu sein. Das ist nicht ungewöhnlich. Tatsächlich ist die schwerste Anschuldigung, die den Mystikern durch alle Zeitalter hindurch immer wieder zur Last gelegt worden ist, die des Pantheismus, welcher in der Philosophie besteht, daß Gott alles ist und alles Gott ist. Religiöse Mystiker aus dem Osten wie aus dem Westen sind gleichermaßen gefoltert, zu Tode gebracht und exkommuniziert worden, weil „höhere Autoritäten“ in ihren jeweiligen Religionen ihre Äußerungen über das aus ihrer Erleuchtung gewonnene Wissen als blasphemisch interpretierten. Wenn man jedoch die Zeugnisse von Mystikern, wiederum sowohl aus dem Osten als auch aus dem Westen, genau betrachtet, dann erkennen wir, daß diese Interpretation überwiegend auf die paradoxe Natur dessen, was sie zu übermitteln versuchen, zurückzuführen ist, und auch daher rührt, daß einige Aussagen aus dem Zusammenhang ihrer gesamten Offenbarungen herausgerissen sind.

Aber wenn wir die Lehren der Mystiker vergleichen, ist das, was sie sagen, viel eher in Übereinstimmung mit der ähnlichen und doch bedeutend anderen Lehre, die als *Panentheismus* bezeichnet wird, welches die Überzeugung ist, daß Gott *in* uns ist und wir *in* Gott sind – daß Gott sowohl immanent als auch transzendent ist. Diese Vorstellung könnte nicht schöner ausgedrückt werden als in Epheser 4,6: „[Es ist] ein Gott und Vater aller, der über allen und bei allen und in allen ist.“

Die Vorstellung, daß Gott sowohl immanent als auch transzendent sei, wird sehr einfach vom heiligen Augustinus in seinem Buch *Die Bekenntnisse* ausgedrückt: „Doch Du warest mir innerlicher als mein allerinnerster Teil; und höher als mein höchster."[77]

Der immanente Gott wird wunderbar von Erigena zum Ausdruck gebracht, dem schottischen Mystiker[78] aus dem neunten Jahrhundert, der sagte: „Jedes sichtbare und unsichtbare Geschöpf ist eine Theophanie oder Erscheinung Gottes." Nichts jedoch könnte eine präzisere Beschreibung von Immanenz sein als Jesu Worte in Johannes 14,20: „... daß ich in meinem Vater bin und ihr in mir und ich in euch". Auch im *Zohar*, so wie ihn Underhill erklärt, „wird Gott als immanent in allem betrachtet, was geschaffen worden oder als Emanation aus ihm hervorgegangen ist, und ist dennoch allem gegenüber transzendent"[79].

Im letzten Gesang der *Göttlichen Komödie* beschreibt Dante seine transzendente Vision der Höchsten Wirklichkeit, welche so überwältigend und unaussprechlich ist, daß Dante darum betet, er möge die Kraft haben, seine Vision in Worte zu übersetzen.

> Ich sah: in ihrer Tiefe sind umschlossen
> im Liebesbund in *einem* ew'gen Buch
> des Universums ganze Einzelblätter –
> Substanz und Akzidenz und was sie bindet,
> als seien sie derart in eins verschmolzen,
> daß das, wovon ich red', ein *einzig* Licht ist.
> Die Allgestalt dieses Sich-Mischens
> ist's, glaub' ich, die ich sah, denn nenn' ich sie,
> empfind' ich eine übermächt'ge Freude.

In dieser absoluten Offenbarung der Transzendenz erblickt Dante die Trinität und schließlich den Menschen selbst. Als Dante ganz von seiner Vision von „einer *einzigen* Erscheinung in jenem lebendigen Licht" gefangengenommen ist, „schien sich diese Erscheinung zu ändern". Dante nimmt dann innerhalb des Ganzen

„drei Ringe“ wahr, „von einer Dimension, doch farblich dreifach“. Jeder schien von dem vorhergehenden widergespiegelt zu werden. Innerhalb dieser Dreieinigkeit nimmt Dante schließlich ein menschliches Gesicht wahr. Er möchte begreifen, wie alle zusammenhängen, aber ist mit seinem eigenen zu schwachen Intellekt nicht dazu imstande. Verstehen bricht sich zu guter Letzt Bahn „durch einen Blitzstrahl“. Dante erkennt, daß alles bewegt wird „von Liebe,/ welche die Sonne kreisen läßt und andre Sterne“.

Im Westen neigen wir dazu, die Trinität als ein ausschließlich christliches Konzept zu betrachten, aber das ist Bhagavan Das zufolge (*The Essential Unity of All Religions* – Die wesentliche Einheit aller Religionen) ungenau. Das Ganze der Religion, das Ganze der Philosophie, das Ganze der Wissenschaft sei in der Regel von den Dreien enthalten. „All die großen Religionen“, behauptet er, „beschreiben dieses letzte Prinzip, entweder als Drei-Eines, Trinität-in-Einheit, Einheit-in-Trinität oder als ein diese drei grundlegenden Attribute Besitzendes“[80]. Es ist nicht ungewöhnlich für den Mystiker, besonders den religiösen Mystiker, der die Erleuchtung sucht, daß ihm die erhabene Vision der Dreieinigkeit zuteil wird. Die heilige Teresa von Avila, eine bekannte Mystikerin des sechzehnten Jahrhunderts, berichtete präzise über ihre Erfahrungen in der *Inneren Burg*.

> Indem sie die Wahrheit auf eine besondere Weise darstellt, offenbart sich die allerheiligste Trinität, in allen drei Personen. Zuerst wird der Geist entflammt und wird sozusagen erleuchtet durch eine Wolke von größter Helligkeit. Er sieht diese drei Personen, individuell, und doch erkennt die Seele, durch eine wunderbare Art von Wissen, die ihr gegeben wird, daß diese drei Personen ganz gewiß und wahr eine Substanz und eine Macht und ein Wissen und ein Gott allein sind.[81]

Nicht alle Offenbarungen der Trinität werden jedoch religiösen Heiligen geschenkt. Eine faszinierende Einsicht in die Trinität wurde Katharine Trevelyan zuteil, einer Engländerin aus unseren Tagen. Sie enthüllte diese in ihrer Autobiographie *Through Mine Own Eyes: The Autobiography of a Natural Mystic* (Durch meine eigenen Augen: Die Autobiographie einer Naturmystikerin). Eines Abends sann sie gedankenvoll über das Konzept der Dreieinigkeit nach, das sie nie so richtig begriffen hatte. Sie saß an einem alten, polierten Eichentisch, auf dem eine rote Kerze und eine schlichte Kristallkugel, ein Geschenk von ihrem Bruder, standen. Ganz plötzlich hatte sie die folgende Offenbarung:

> Ich bemerkte, daß das Licht von der Kerze, das durch die Kristallkugel einfiel, auf dem polierten Tisch die Reflektion von drei Flammen erzeugte. Ich sah sie gedankenlos an und wurde in die Lage versetzt zu sehen, daß genauso, wie dort nur eine Kerze auf dem Tisch stand, es nur einen Gott gab, den Gründer und Urgrund des ganzen Universums – daß aber für diese Erde (ein Fleckchen im Kosmos) die Manifestation aufgespalten oder dreifaltig wird, so wie die Kristallkugel aus einer einzigen Flamme drei reflektierte Flammen machte.[82]

Jakob Böhme, der schon früher zitiert wurde, behauptete, daß er eine Vision von der ewigen zeugenden Hervorbringung der heiligen Dreieinigkeit hatte. Diese Betrachtungsweise der Trinität als eines fortgesetzten und andauernden Vorgangs nimmt in der mystischen Literatur eine ziemlich herausragende Stellung ein. Jutzi Schultheiss – zitiert nach Elsbeth Stagels Schwesternbuch des Nonnenklosters Töß – hatte eine Erkenntnis der ewigen Hervorbringung des Sohnes durch den Vater und der Einheit der ganzen Schöpfung. „Sie ... erkannte im besonderen, wie Gott in allen Dingen und in allen Geschöpfen ist. ... Sie sah auch deutlich ... wie der Sohn ewig aus dem Vater geboren wird und daß alle Freude und alle Seligkeit, die es gibt, in der ewigen Geburt ruhen."[83]

Meister Eckhart lehrte ebenfalls aus seiner mystischen Wahrnehmung heraus, daß der Vater in jeder menschlichen Seele, die bereit ist, den Sohn zeugt. Er glaubte, daß, wenn der Wille eins mit dem Vater wird, der Sohn geboren wird.

Die Kommunikationsprobleme der Mystiker werden meistens von der paradoxen Natur dessen, was ihnen offenbart wird, verursacht. Wir mögen wie Samuel Taylor Coleridge verwirrt sein von den Behauptungen der Mystiker, daß Gott eins ist, daß Er jedoch auch viele ist. Von Coleridge wird berichtet, er habe gesagt: „Ich würde eine Pilgerreise in die Wüsten Arabiens unternehmen, um den Mann zu finden, der mich verstehen lassen würde, wie *das Eine viele sein kann.*" Jedes Individuum teilt den Mystikern zufolge, obwohl es das Leben als eine Person für sich erfährt, ein Leben mit Gott und mit der ganzen Schöpfung. Eckhart zieht eine faszinierende Analogie, die einiges Licht werfen und unsere Erklärungsversuche erhellen mag. „Worte fließen hervor", sagt er, „und bleiben doch im Innern. ... Alle Geschöpfe fließen nach außen und bleiben nichtsdestoweniger im Innern."[84]

Um die Dinge noch verwirrender zu machen, begegnen viele Mystiker in ihren intensivsten Augenblicken kosmischen Bewußtseins dem, was sie eine Leere nennen, welche zugleich die Fülle ist, aus der alles hervorfließt. Stace nennt dieses Phänomen das „Vacuum-Plenum" [d.h. „erfüllte Leere" – Anm. d. Ü.].

Im folgenden einige Beispiele für diese verwirrenden Offenbarungen. In den Hindu-Schriften steht geschrieben: „Dieses Eine, das Selbst, obwohl nie sich regend, ist rascher als das Denken. ... Obgleich es stillsteht, überholt es jene, die rennen. ... Es regt sich, und es regt sich nicht."[85]

Der große taoistische Mystiker Laotse lehrte das Folgende:

> Der Weg [Tao] ist wie ein leeres Gefäß
> Aus dem man dennoch schöpfen kann
> Ohne daß es je gefüllt werden muß.
> Es ist bodenlos: das Erzeugende aller Dinge in der Welt an sich. ...
> Es ist wie ein tiefer Teich, der nie austrocknet.
> Ich weiß nicht, wessen Kind es sein könnte.
> Es sieht aus, als wäre es noch vor Gott da gewesen.[86]

D. T. Suzuki, ein moderner Lehrer des Zen-Buddhismus, schrieb von diesem Phänomen, auf das man in der mystischen Erfahrung stößt: „Es ist ein Zustand absoluten So-Seins, absoluter Leere, welche absolute Erfülltheit ist.“[87]

Charles Fillmore, zusammen mit Myrtle Fillmore Begründer der Unity-Schule des Christentums, drückt das Paradox auf eine etwas andere Weise aus: „Gott ist Substanz; aber das bedeutet nicht, daß er Materie ist, weil Materie gestaltet ist, während Gott das Gestaltlose ist. ... Es ist dasjenige, welches die Grundlage aller Gestalt ist, aber nicht in irgendeine letztgültige Gestalt eintritt.“[88]

Meister Eckhart postuliert eine mögliche Lösung für dieses Paradox der Natur Gottes. Er unterteilt das, was er erfahren hat, in Gott und die Gottheit. Nach Eckhart handelt Gott, die Gottheit handelt nicht. Die Gottheit in Eckharts Definition klingt sehr nach dem, was T. S. Eliot als den „Ruhepunkt der sich drehenden Welt“ bezeichnete[89].

Es stimmt auch, daß viele Mystiker, obwohl sie von der Auflösung des Selbst oder dem Verschmelzen des Selbst mit dem größeren Ganzen berichten, unmißverständlich die Gegenwart einer Persönlichkeit verspüren. Teilhard de Chardin, der jesuitische Anthropologe und Mystiker, schreibt davon, das Göttliche als unendlich und doch persönlich erfahren zu haben. „Der Ozean, der all die spirituellen Strömungen des Universums in sich versammelt, ist nicht nur ‘etwas’, sondern ‘jemand’. Und dieser Jemand hat ein Antlitz und ein Herz.“[90]

Es ist interessant festzustellen, daß das junge Mädchen, das in Kapitel Vier zitiert wurde, dieselben Einsichten hatte wie die des großen Jesuitenpriesters. „Ich kann mich erinnern“, berichtete sie, „daß ich frohlockend empfand: ‘Das ist Gott’, und Gott war letztendlich sowohl persönlich als auch unermeßlich.“[91]

Immanent und transzendent, antwortet der Geist des Gottes im Innern auf die Erhabenheit des Gottes in der Außenwelt. Die Mystiker genießen das Privileg, dies durch unmittelbare Erfahrung zu erkennen – manchmal den einen und manchmal beide. Aber die meisten von uns finden es leichter, den transzendenten Gott zu akzeptieren, als Gott in unseren Nächsten. Die Hindus haben eine hübsche Sitte, die ihnen diese Wirklichkeit ständig bewußt bleiben läßt. Wenn sie einander begegnen, falten sie die Hände vor ihrem Herzen zusammen und verneigen sich leicht, um den göttlichen Geist im anderen zu ehren.

In dem folgenden Gedicht bringt Walt Whitman seine innere Erkenntnis der Allgegenwart Gottes zum Ausdruck.

> Ich sehe etwas von Gott jede Stunde am Tag,
> und jeden Augenblick dann
> Sehe ich Gott in den Gesichtern von Männern
> und Frauen und in meinem eigenen Gesicht
> im Spiegel,
> Ich finde Briefe von Gott auf der Straße liegen,
> und jeder ist signiert mit Gottes Namen,
> Und ich lasse sie, wo sie sind, denn ich weiß,
> wohin ich auch gehe,
> Andere werden pünktlich kommen – auf immer
> und ewig.

Es gibt noch andere Botschaften über das Wesen der Wirklichkeit, die die Mystiker uns gebracht haben. Sie scheinen voller Paradoxe, aber sie sind auch voller Hoffnung. Was die Mystiker über Zeit, Ewigkeit und Unsterblichkeit offenbaren, wird Gegenstand des nächsten Kapitels sein. Die Frage von gut und böse jedoch, die *große* Frage, mit der sich so viele von uns herumschlagen, gehört hierhin zusammen mit den Offenbarungen, daß Gott überall manifest ist und daß alles, was wirklich ist, heilig und von der göttlichen Gegenwart erfüllt ist. Wenn das so ist, woher kommen dann das Böse und die Sünde? Die Antwort scheint in der Frage zu finden sein: Was ist *wirklich wirklich*?

Wenn ich die Mystiker korrekt interpretiere, dann teilen sie uns mit, daß die ganze Schöpfung Gottes gut ist und daß alle Dinge zum Guten zusammenwirken. Das wahre gottgeschaffene Selbst ist wirklich und ewig. Das davon getrennte Ego ist unwirklich und vergänglich. In dem Maße, wie wir auf unseren göttlichen Mittelpunkt eingestimmt sind und aus ihm heraus leben, sind wir im 'Himmel', welcher überall ist, weil Gott überall manifestiert ist. In dem Maße, wie wir in Übereinstimmung mit den Vorschriften und der Furcht eines abgetrennten Ego leben, sind wir in der Hölle, weil die Hölle das Gefühl des Getrenntseins von Gott ist. Gott ist die Essenz der göttlichen Schöpfung; das Böse und der Irrtum sind die Produkte des isolierten, getrennten Ego.

Die folgenden Beispiele mögen dazu dienen, der Leserin bzw. dem Leser eine Vorstellung von dem zu geben, was in der mystischen Erfahrung über gut und böse und über Himmel und Hölle offenbart wird. (Es ist wichtig festzuhalten, daß nicht alle mystischen Erfahrungen im Hinblick auf alle diese Themen vollständig sind. Die durchdringendste Erkenntnis, manchmal begleitet von spezifischeren Einzelheiten, ist, daß alles gut ist und daß wir unser vollständiges Vertrauen in die Realität setzen können.) Die dramatische Ähnlichkeit von Inhalt und Formulierung in diesen Zitaten ist verblüffend.

Irrtum, Böses, Sünde:

J. Redwood-Anderson (zwanzigstes Jahrhundert): „Die Schwierigkeiten fangen an, wenn der Mensch geltend macht, seine periphere Position sei eine zentrale: Dies ist die Erbsünde."[92]

Abraham Isaac Kook (zwanzigstes Jahrhundert): „Wenn ein Mensch sündigt, ist er in die Welt der Zersplitterung eingetreten, und dann ist jedes Einzelwesen auf sich gestellt, und das Böse ist böse an sich und durch sich selbst, und es ist böse und zerstörerisch. Wenn er aus Liebe bereut, dann leuchtet sofort das Licht aus der Welt der Einheit auf ihn, wo alles in ein Ganzes integriert ist und es *im Kontext des Ganzen überhaupt kein Böses gibt.*"[93] (Hervorhebungen von der Autorin.)

Aldous Huxley (zwanzigstes Jahrhundert): „Sünde ist die Manifestation des Selbst. Menschen begehen Böses und erleiden Elend, weil sie separate Egos sind, gefangen in der Zeit."[94]

Arthur Osborn (zwanzigstes Jahrhundert): „Das Böse des Egoismus ist das einer besonderen Blindheit, die bewirkt, daß ein beschränkter Gesichtspunkt sich maskiert, als wäre er das Ganze."[95]

Margaret Isherwood (zwanzigstes Jahrhundert): „Sünde könnte man definieren als das Versäumnis, unserem eigenen inneren Licht zu folgen, als jene Weise des Denkens oder Fühlens, die unsere Entwicklung verhindert, unsere Fähigkeit zu wahrer Einsicht verdunkelt, unser Unterscheidungsvermögen trübt und uns davon abhält, zu einem vollständigeren und glücklicheren Bewußtsein weiterzugehen.“[96]

Charles Fillmore (neunzehntes/zwanzigstes Jahrhundert): „‘Das Böse’ steht für irrige Gedankenkombinationen; jenen Teil des Bewußtseins, der die wahren Prinzipien aus den Augen verloren hat und sich durch eine bloß sinnliche Wahrnehmungsweise in das gestaltete Ding verliebt.“[97]

Walt Whitman (neunzehntes Jahrhundert): „Und ich sage, es gibt in Wirklichkeit kein Böses. ... Klar und lieblich ist meine Seele, und klar und lieblich ist alles, was nicht meine Seele ist.“ (aus *Leaves of Grass* – Grashalme)

William Law (achtzehntes Jahrhundert): „Alle Irrtümer sind der Mangel an Liebe.“[98] – „Dein eigenes Selbst ist dein eigener Kain, welcher deinen eigenen Abel ermordet. Denn jede Handlung und Regung des Selbst hat den Geist des Antichrist und mordet das göttliche Leben in dir.“[99]

William Blake (achtzehntes Jahrhundert): „Der Irrtum ist geschaffen; die Wahrheit ist ewig.“[100]

Meister Eckhart (dreizehntes/vierzehntes Jahrhundert): „Die Ruhelosigkeit all unserer Stürme kommt gänzlich aus Selbst-Willen, ob wir es bemerken oder nicht.“ – „In Gott zu sein heißt, gleichmütige Heiterkeit zu erfahren ungeachtet aller Schmerzen und Leiden.“[101]

Himmel und Hölle:

Meister Eckhart (dreizehntes/vierzehntes Jahrhundert): „Der Himmel hat keinen ihm zugewiesenen Ort. Ebensowenig steht der Himmel innerhalb der Zeit, denn sein Umlauf ist unglaublich rasch.“[102] – „Ich sage, daß im Himmelreich jedes Ding in jedem anderen Ding ist und daß alles eins ist und daß alles unser ist.“[103]

Jakob Böhme (sechzehntes/siebzehntes Jahrhundert): „Es wird nie mehr Himmel oder Hölle geben, als es jetzt gibt. Die Seele hat Himmel und Hölle zuvor in sich selbst, wie es geschrieben steht. ... Denn siehe, das Reich Gottes ist in euch.“[104] – „Der wahre Himmel ist überall, selbst an eben dem Ort, wo du stehst und gehst.“[105]

Emanuel Swedenborg (achtzehntes Jahrhundert): „Solche Personen [diejenigen, die gegen Liebe und Weisheit sind] kehren sich vom Herrn ab; und sich abzukehren heißt, sich zur Hölle zu kehren.“[106]

William Law (achtzehntes Jahrhundert): „Menschen sind nicht in der Hölle, weil Gott wütend auf sie ist; sie sind in Zorn und Dunkelheit, weil sie dem Licht, welches unendlich von Gott ausströmt, getan haben, wie jener Mann dem Sonnenlicht tut, der seine eigenen Augen ausdrückt.“ – „Keine Hölle war für sie [die Menschheit] gemacht ... sie befanden sich nur in jenem Zustand von Abgeteiltsein und Trennung vom Sohn und Heiligen Geist Gottes, die sie sich durch ihr eigenes Tun geschaffen hatten.“[107]

Charles Fillmore (neunzehntes/zwanzigstes Jahrhundert): „[Der] eine, der fähig ist, sowohl Seele als auch Körper in der Gehenna zu zerstören, ist das persönliche Selbst oder das selbstsüchtige Ego im Menschen.“[108]

Myrtle Fillmore (neunzehntes/zwanzigstes Jahrhundert): „Wir sollten daran denken, daß der Mensch stets durch seine Sünden und nicht für sie bestraft wird."[109]

Aldous Huxley (zwanzigstes Jahrhundert): „Hölle ist totale Trennung von Gott, und der Teufel ist der Wille zu dieser Trennung."[110]

Starr Daily (zwanzigstes Jahrhundert): „Wenn die mystischen Augen geöffnet werden, wird das Himmelreich erfahren." – „In meiner mystischen Erfahrung war all dies [die Erfahrung der Hölle auf Erden im Gefängnis] ins Gegenteil verkehrt. ... Seine unendliche Liebe und Güte waren alles, was irgendeine Existenz besaß. Freudigkeit und Gelassenheit waren so unermeßlich, daß sie beinahe über das Maß des körperlich Erträglichen hinausgingen. Was die Hölle auf Erden gewesen war, wurde zum Himmel auf Erden – zur einzigen Wirklichkeit."[111]

Jae Jah Noh (zwanzigstes Jahrhundert): „Spirituelle Arbeit fängt an, wenn man erkennt, daß man in der Hölle ist und daß man es nicht sein muß."[112]

Diejenigen, die mystische Erfahrungen gehabt haben, fühlen sich zum Reden gezwungen, weil sie herausgefunden haben, daß wir tatsächlich in den „ewigen Armen" eines gütigen Universums getragen werden. Sie haben Licht gefunden und möchten nicht, daß andere in Dunkelheit umherwandern.

Drei Beispiele könnten am besten geeignet sein, das Wesen der Realität, die dem Mystiker häufig offenbart wird, zu veranschaulichen. Zwei sind bereits zitierten Erfahrungen entnommen: Maurice Bucke und F. C. Happold in Kapitel Zwei; die dritte ist eine Fortsetzung der Erfahrung von Claire Myers Owens, die in Kapitel Drei zitiert wurde.

Der schon früher zitierte Maurice Bucke schrieb folgendes,

wobei er von seiner eigenen Erfahrung intellektueller Erleuchtung sprach:

> Unter anderem gelangte er nicht zu der Überzeugung, nein, er sah und wußte, daß der Kosmos nicht tote Materie ist, sondern eine lebendige Gegenwart, daß die Seele des Menschen unsterblich ist, daß das Universum so gebaut und geordnet ist, daß alle Dinge ohne Wenn und Aber zum Guten jedes einzelnen und aller zusammenwirken, daß das Grundprinzip der Welt das ist, was wir Liebe nennen, und daß das Glück eines jeden auf lange Sicht absolut gewiß ist.[113]

F. C. Happold entdeckte dieselbe Realität.

> Ich war mir eines lieblichen, unerklärlichen Musters in der ganzen Struktur der Dinge bewußt ... und das Muster wurde gewebt von einer Macht; und diese Macht war, was wir mit einem so schwachen Ausdruck als Liebe bezeichnen. Ich erkannte, daß wir nicht einsame Atome in einem kalten, unfreundlichen, gleichgültigen Universum sind, sondern daß jeder von uns eingebunden ist in einen Rhythmus ..., dem wir uns ... vertrauensvoll und ohne Rückhalt überlassen können.[114]

Nur ein kleiner Teil der erhellenden und ausgedehnten Erfahrung von Claire Myers Owens, der bedrückten Hausfrau, wurde in Kapitel Drei wiedergegeben. Der folgende Abschnitt, ein Auszug aus dem vollständigen Bericht, stimmt sehr mit dem überein, was wir bereits gehört haben.

> Außerordentliche intuitive Einsichten blitzten durch mein Bewußtsein. Ich schien die Natur der Dinge zu

> begreifen. Ich verstand, daß das Schema des Universums gut war, daß es nur der Mensch war, der nicht mehr in Harmonie mit ihm war. Ich war angeborenermaßen gut, nicht böse, wie unsere westliche Gesellschaft es mich als Kind gelehrt hatte; alle Menschen waren im wesentlichen gut. Weder Zeit noch Raum existierten auf dieser Ebene. Ich sah in die Vergangenheit und beobachtete den endlosen Kampf des Menschen, um zum Licht zu gelangen. Liebe und Leid und Mitgefühl für die ganze Menschheit durchtränkten mich dermaßen, daß ich wußte, daß ich nie wieder irgendeine Person verurteilen könnte, egal was er oder sie tat. Ich sah auch in die entfernte Zukunft und nahm wahr, wie der Mensch allmählich für das Gute in sich selbst und in anderen wach wurde, sich im harmonischen Rhythmus des Universums mitbewegte, ein neues Goldenes Zeitalter erschuf – in irgendeinem glückseligen Morgen.[115]

Sehr zu recht könnte der Leser bezweifeln, ob diese Art von Optimismus angesichts der Grausamkeit und des Schreckens, von denen wir wissen, daß sie in der Welt existieren, bestehen könnte. Die beste Antwort, die die Autorin geben kann, sind ein Vers von Emerson, die Worte von Evelyn Underhill, vielleicht der gründlichsten Schülerin der Mystik, deren Werk jemals im Druck erschienen ist, und die Erfahrung einer jungen Jüdin während des Holocaust. Alle waren Mystiker.

> ‘s ist nicht allein in den erhab’nen Sternen,
> Noch auch in reicher Blüten Knospenmitte,
> Noch in des Rotkehlchens melod’schem Flöten,
> Noch in dem Bogen, der in Schauern lächelt,
> Sondern im Schlamm und Schaum der Dinge
> Ist stets und allezeit ein singend Wesen.

Die folgenden Worte schrieb Underhill als Vorwort zu ihrem Buch *Practical Mysticism* (Praktische Mystik), das gerade zu dem Zeitpunkt in Druck ging, als Großbritannien in den Ersten Weltkrieg eintrat. „Jene tiefe Überzeugung von der Abhängigkeit alles menschlichen Wertes von ewigen Werten, von der Immanenz des göttlichen Geistes in der menschlichen Seele, welche einem mystischen Lebenskonzept zugrundeliegt, ist in der Tat schwer mit vielem aus der menschlichen Geschichte in Einklang zu bringen, das jetzt brandheiß aus dem Schmelztiegel des Krieges geschüttet wird." Sie sagt jedoch weiter: „'Praktische' Mystik ist bedeutungslos, wenn die Einstellung und die Disziplin, die sie empfiehlt, nur für gutes Wetter geeignet sind." Sie fährt fort:

> Es ist kennzeichnend, daß viele von diesen [mystischen] Erfahrungen uns aus Zeiten des Krieges und des Leids berichtet werden: daß, je stärker die Kräfte der Zerstörung schienen, desto intensiver die geistige Vision wurde, die sich ihnen entgegensetzte. Wir lernen aus diesen Berichten, daß das mystische Bewußtsein die Macht hat, jene, die es besitzen, auf eine Ebene der Wirklichkeit zu heben, welche kein Kampf, keine Grausamkeit beunruhigen kann; eine Gewißheit zu vermitteln, die keine Katastrophe zunichte machen kann. Und doch hüllt es seine Initiaten nicht in eine selbstsüchtige Ruhe, die scheint wie von einem anderen Stern, schirmt sie nicht ab von dem Schmerz und der Mühsal des alltäglichen Lebens. Vielmehr verleiht es ihnen neue Vitalität – indem es dem menschlichen Geist nicht (wie einige annehmen) eine Beruhigungsdroge einflößt, sondern das mächtigste aller Stimulanzien.[116]

Etty Hillesum bekräftigt in ihrem postum veröffentlichten Tagebuch, beschrieben als „ein Zeugnis von Glauben, Hoffnung und

Liebe, geschrieben in der Hölle“, das Argument von Evelyn Underhill. Eine Holländerin während des Holocaust, ging Etty, zur Zeit ihres Todes in Auschwitz 29 Jahre alt, freiwillig ins Konzentrationslager, um ihrem Volk ein Trost zu sein und sein Schicksal zu teilen. Im folgenden einige kurze Auszüge aus dem Tagebuch, das sie vor ihrer letzten Fahrt nach Auschwitz herausschmuggeln konnte.

> Weißt du, wenn du, während du hier bist, nicht die innere Kraft hast zu verstehen, daß alle äußeren Erscheinungen nur eine vorübergehende Veranstaltung sind, wie nichts neben dem großen Glanz (mir fällt gerade kein besseres Wort ein) in uns – dann können die Dinge hier in der Tat sehr schwarz aussehen. ...
>
> Das Elend hier ist ganz furchtbar, und doch, spät am Abend, wenn der Tag sich in die Tiefen hinter mir davongeschlichen hat, gehe ich mit geradezu beschwingtem Schritt am Stacheldraht entlang, und dann steigt es immer wieder direkt aus meinem Herzen auf – ich kann es nicht ändern, das ist genau, wie es ist, wie eine Elementargewalt –: das Gefühl, daß das Leben herrlich und großartig ist und daß wir eines Tages eine ganze neue Welt errichten werden.[117]

Etty Hillesum aus dem zwanzigsten Jahrhundert hatte dieselbe Offenbarung wie Julian von Norwich aus dem vierzehnten Jahrhundert: „Alles wird gut sein, und jede Art von Ding wird gut sein.“

Kapitel 6

Das Abbild der Ewigkeit

Die Erfahrung der Unsterblichkeit

Mit weitumfangender Liebe
Belebt dein Geist ewige Jahre,
Durchdringt und brütet in der Höhe,
Verändert, trägt, löst auf, erschafft, zieht groß.

Wären auch Erde und Mensch verschwunden
Und hörten Sonnen, Universen auf zu sein
Und Du bliebest allein nur übrig,
Jede Existenz würde in Dir existieren.

Es ist kein Platz für den Tod
Und kein Atom, das seine Macht entleeren könnte:
Du – DU bist Sein und Atem
Und was DU bist, kann nie zerstöret werden.

– Emily Brontë

Zeit ist das Abbild der Ewigkeit

– Platon

Mit den Worten von Madame Guyon, einer französischen Mystikerin um Achtzehnhundert:

> Als mein Geist erleuchtet worden war, wurde meine Seele in eine unendliche Weite versetzt. ... Vergangenheit, Gegenwart und Zukunft sind dort in der Art eines gegenwärtigen und ewigen Augenblicks, nicht als Prophezeiung, welche die Zukunft als etwas betrachtet, was erst kommen soll, sondern so, wie alles in der Gegenwart im ewigen Augenblick, in Gott selbst, gesehen wird; ohne zu wissen, wie man es sieht oder erkennt.[118]

Das folgende wurde von Arthur W. Osborn, einem Mystiker des zwanzigsten Jahrhunderts, geschrieben. „Die Ewigkeit existiert in jedem Augenblick auf der Zeitebene. Sie ist Hier-Jetzt ebensosehr wie zu jeder zukünftigen Zeit."[119] Sowohl Guyon als auch Osborn geben damit ein Echo auf Meister Eckhart aus dem dreizehnten Jahrhundert, der dieses lehrte: „Dort [in der Ewigkeit] hast du in einer gegenwärtigen Vision alles, was jemals geschah oder jemals geschehen wird. Es gibt kein Vorher oder Nachher, dort in der Ewigkeit; alles ist gegenwärtig, und in dieser stets gegenwärtigen Vision besitze ich alles."[120]

Das Rätsel von Zeit und Raum ist in den Schriften sowohl des Mystikers als auch des Wissenschaftlers gegenwärtig. Betrachten Sie die folgenden Aussagen prominenter Physiker.

Erwin Schrödinger beendete seinen Essay, der den Titel „Die mystische Vision" trug, mit den folgenden Worten: „Denn immer und ewig gibt es nur das *Jetzt*, ein und dasselbe Jetzt; die Gegenwart ist das einzige, was kein Ende hat."[121] Der Wissenschaftler J. G. Whitrow erklärte, daß in der Sicht der Welt, die die Relativitätstheorie fördert, „externe Ereignisse permanent existieren und wir bloß zufällig auf sie stoßen."[122] Max Planck schrieb das folgende über die Vorstellung des Raumes:

> In der modernen Mechanik ... ist es unmöglich, eine adäquate Version der Gesetze zu erhalten, nach denen wir Ausschau halten, solange das physikalische System nicht *als ein Ganzes* angesehen wird. Nach der modernen Mechanik [Feldtheorie] existiert jedes Einzelteilchen des Systems in einem gewissen Sinne zu jeder beliebigen Zeit gleichzeitig in jedem Teil des Raumes, der von dem System in Anspruch genommen wird.[123]

Die Science Fiction hat uns ein bißchen an ein Hinüber und Herüber in Raum bzw. Zeit gewöhnt, aber wenn wir ernsthaft versuchen, diese Konzepte zu begreifen, indem wir das lineare Denken und die Symbole gebrauchen, die wir zur Verfügung haben, sind die meisten von uns letzten Endes frustriert. Die Mystiker erfahren dieselbe enorme Frustration, wenn sie versuchen, innerhalb des Rahmens unserer Sprache zu vermitteln, was sie gelernt haben, – ebenso wie wir, wenn wir versuchen, es zu verstehen. Es besteht ein riesiges Ungleichgewicht zwischen der unaussprechlichen Erfahrung des Mystikers und der Sprache, die verfügbar ist, um sie auszudrücken. Aus diesem Grunde wenden sich die redegewandtesten Mystiker der Dichtung und poetischer Symbolik zu, um das Unausdrückbare anzudeuten.

Honoré de Balzac erklärte einen Großteil seiner mystischen Philosophie in einer poetischen metaphysischen Abhandlung, die oberflächlich betrachtet als Novelle verkleidet war. Als sich Seraphita, die Hauptfigur, auf ihren endgültigen Übergang in den geistigen Bereich durch ihren physischen Tod vorbereitet, unterweist sie ihre beiden Freunde (Schüler) in der Wohltätigkeit des eingegossenen Gebets oder, mit anderen Worten, eines Gebets, das zu einem mystischen Wissen führt:

> Ihr erlangt Scharfsinnigkeit des Geistes; in einem Augenblick könnt ihr in jeder Gegend anwesend sein;

> ihr werdet, wie das Wort selbst, von einem Ende der Welt zum anderen getragen. Es gibt eine Harmonie – ihr schließt euch ihr an; es gibt ein Licht; ihr seht es; es gibt eine Melodie – ihr Echo ist in euch. In diesem Rahmen werdet ihr fühlen, wie sich euer Intellekt erweitert, wie er wächst und wie seine Einsicht in ungeheure Fernen reicht; tatsächlich sind für den Geist Zeit und Raum nicht.[124]

Johannes Anker-Larsen, ein dänischer Novellist, der 1874 geboren wurde, erlebte von Kindheit an Augenblicke mystischen Bewußtseins. Im Laufe der Jahre wurde er sich der kurzlebigen Natur von Zeit und Raum bewußt. „Im ewigen Jetzt“, schrieb er, „gibt es weder Raum noch Zeit, weder Begrenzung noch Unterscheidung. Selbst die Sprache der Götter wäre nicht hinreichend, es zu beschreiben, und die ‘Sprache des Himmels’ kann man nicht sprechen oder schreiben; sie wird *gelebt*.“ Im folgenden Abschnitt beschreibt er, so gut er kann, „eine Begegnung zwischen Zeit und Ewigkeit an einem Sommertag“:

> Ich hatte im Garten gesessen und gearbeitet und war gerade fertig geworden. An diesem Nachmittag hatte ich vor, nach Kopenhagen zu fahren, aber es waren immer noch anderthalb Stunden bis zur Abfahrt des Zuges. Das Wetter war gut, die Luft klar und rein. Ich steckte mir eine Zigarre an und ließ mich in einem der Sessel, die vor dem Hause standen, nieder. Es war still und friedlich – um mich herum und in mir. Tatsächlich zu gut, als daß es einem erlaubte, zuviel über irgend etwas nachzudenken. Ich saß einfach da. Dann begann sie zu kommen, jene unendliche Zärtlichkeit, welche reiner und tiefer ist als die von Liebenden oder die eines Vaters zu seinem Kind. Sie war in mir, aber sie kam auch zu mir, so wie die

Luft zu meinen Lungen kam. Wie gewöhnlich wurde der Atem nüchtern und ehrfürchtig, wurde gleichsam unkörperlich; ich atmete die Zärtlichkeit ein. Unnötig zu sagen, daß die Zigarre ausging. Ich warf sie nicht weg wie eine Sünde, ich hatte einfach keine Verwendung für sie.

Diese tiefe Zärtlichkeit, die ich verspürte, zuerst in mir und dann noch stärker um mich herum und über mir, dehnte sich weiter und weiter aus – sie wurde allgegenwärtig. Ich sah sie, und sie entwikkelte sich zu Wissen, zu Wissen um alles, zur selben Zeit wurde sie Kraft, Allmacht, und zog mich ins ewige Jetzt.

Das war meine erste tatsächliche Begegnung mit der Wirklichkeit; denn solcherart ist das wirkliche Leben: ein Jetzt, welches *ist*, und ein Jetzt, welches *geschieht*. Es gibt keinen Anfang und kein Ende. Ich kann nicht mehr über dieses Jetzt sagen. Ich saß in meinem Garten, aber es gab keinen Ort auf der Welt, an welchem ich nicht war.[125]

Die Raumzeit, welche die meisten von uns als etwas Substanzielles erfahren, hat für die mystische Wahrnehmung eine illusorische Natur. Szenen lösen sich auf und bilden sich neu, und was wirklich erscheint, wird zum bloßen Scheinbild. Obwohl kein notwendiger Bestandteil der mystischen Erfahrung, widerfährt diese „phantastische" Auflösung der Raumzeit in „andere" Orte und „andere" Zeiten Mystikern häufig. Loren Hurnscot erzählte von einer solchen Erfahrung. Dieses Vorkommnis ist besonders faszinierend, weil es gleichzeitig von zwei Menschen erlebt wurde.

Das 'Highlight' meines Besuches und eine der einmaligen Gelegenheiten unseres Lebens kam am Neujahrsabend. Alison und ich fuhren mit verschiedenen Bussen nach Ripon und machten uns an einem bewölkten Winternachmittag per Taxi zu den Toren von Fountains Abbey auf. Ich hatte schon seit Jahren lautstark begehrt, es wieder zu besuchen, denn ich hatte es als Kind geliebt und seitdem nicht wiedergesehen. Wir entließen das Taxi an den Eingangstoren, gingen über vom Frost geweißte Wege zwischen silbrigen Immergrüns hindurch, dann herunter, dem Donnern des Skell und den undeutlich sichtbaren schönen Ruinen entgegen. Reparaturarbeiten waren im Gange, und ein Baugerüst überragte die Kapelle der Neun Altäre. Als die Dämmerung hereinbrach, standen wir zusammen an der Südseite des Klostergartens und blickten nach Norden, der Zeder und den großen grasüberwachsenen Wällen und dem Turm entgegen. Und während wir dort standen und schweigend hinsahen, begannen sie sich zu verändern. Ein weiches, silbrig-bernsteinfarbenes und ganz unirdisches Licht wie warmes Mondlicht lag über ihnen. Aber da war kein Mond; es war noch Stunden zu früh für seinen Aufgang. In äußerster Stille – wo war das Donnern des Skell? – änderte sich die ganze Ruine, baute sich selbst wieder auf: die Mauern waren intakt, die Kirche und die Kapelle der Neun Altäre bekamen Dächer und wurden vollständig. Der zinnenbewehrte Turm stand neu vollendet da, in einem tieferen Bernsteinton als der Rest. Der ganze Bau war in seiner Farbe silbriggolden, und diese Farbe schien von dem silbrigen Licht, in das er getaucht war, aus ihm herausgehauen zu sein. Wir standen beide von Ehrfurcht ergriffen da, wortlos, ohne uns zu bewegen, scheinbar lange Zeit. „Da ist kein Baugerüst", flüsterte Alison schließlich mit sanfter, erstaunter

> Stimme. Ich antwortete nicht, denn ich dachte: „Warum sollte da ein Baugerüst sein? Wir sehen es, wie es um 1520 war.“ [126]

Eine der größten Mystikerinnen der Neuzeit, Katharine Trevelyan, eine Engländern, war gezwungen, mit ihrem deutschen Ehemann und Kind während der Jahre, die dem Zweiten Weltkrieg vorausgingen, in Deutschland zu leben. Sie hatte ein extrem feines Gespür für das drohende Böse, das Deutschland damals erfaßte. In ihrem Buch *Through Mine Own Eyes* (Durch meine eigenen Augen) erzählte sie von einer Erfahrung, die die Zeit aufhob.

> Ich kam eines Tages vom Einkaufen zurück. Ich trug einen Korb und ging die Hauptstraße mit ihren Straßenbahnen, Pflastersteinen und modernen Häusern mit ihren roten Ziegelmustern auf den Fassaden entlang. Eine Brigade junger deutscher Soldaten, alle in Grau, kam im Marschschritt von ihren Baracken her ins Stadtzentrum. ... Ich dachte nicht über die Soldaten nach, sondern schaute geistesabwesend zu ihnen auf, als sie vorbeigingen. Zu meinem Entsetzen sah ich, daß sie alle tot waren, und doch bewegten sie sich die Straße entlang, als ob sie lebendige Menschen wären. Ich sah ihre eingesunkenen Augen, ihre eingefallenen Gesichter, die eisige Blässe, ihre Zähne, die im Todesgrinsen starrten. Ihr Tod schien mir auch mein Tod zu sein; ich wurde von ihrer Kälte, ihrer Nichtshaftigkeit erfaßt. Dann schüttelte ich mich wieder frei, und sie veränderten sich vor meinen Augen. Es ist wahr, sie waren grau und düster; es stimmt, sie waren traurig und im höchsten Grade dem Bilde Gottes von jungen Männern Anfang Zwanzig unähnlich, aber lebendig waren sie sicher-

> lich auf eine blasse und starre Art und Weise. Was ich gesehen hatte, als sie so klar und deutlich marschierende Leichen waren, weiß ich bis heute nicht.[127]

Katharine Trevelyan war ihr ganzes Leben lang eine Mystikerin gewesen, aber die folgende Erfahrung war der Gipfel alles Vorhergegangenen. Es ist ein Beispiel nicht nur für die illusorische Natur von Zeit und Raum, sondern auch für die Gaben des Wissens, der Freude und der Schönheit, die die selige Vision begleiten.

> Als ich mich nichts anderes als eine totale Närrin in der Liebe wußte, nahm ich meinen Schmerz und meine Narrheit in beide Hände und bot sie ganz einfach Gott an, den ich durch diese letzte Qual als den Hintergrund meines Lebens und meine ewige Liebe erkannte.
>
> Was folgte, ging über das hinaus, was ich begreifen konnte. ...
>
> Es war ein Gefühl, als hätte eine unendlich komplexe Maschine sich von einem Augenblick auf den anderen in all ihren Teilen geräuschlos eingeschaltet und angefangen, mit unerschöpflicher Kraft zu arbeiten.
>
> Ich sah endlich von Angesicht zu Angesicht.
>
> Licht strömte aus dem Himmel herab, ein derartiges, wie ich es nie gesehen habe. Die Sonne schien mit einem neuen Licht, als wäre durchscheinendes Gold in ihrem Herzen. Ich sah nicht nur die physische Sonne, sondern auch die spirituelle Sonne, welche auf mich herabstrahlte, während ich im Garten von Coombe spazierenging.
>
> Das Wunderbare ging über alles hinaus, was ich je gelesen, mir vorgestellt oder Menschen erzählen

> gehört habe. Ich war Adam, der allein im ersten Paradies spazierenging. Daß es ein Garten nahe den Außenbezirken Londons im zwanzigsten Jahrhundert war, änderte nichts, denn die Zeit war nicht oder hatte sich wieder in einem vollendeten Kreis geschlossen. Obwohl ich Adam war, brauchte ich Eva nicht, denn beide vereinten sich in mir. Ehe und Mutterschaft erfüllt und überschritten, war ich über das Frausein hinausgeeilt und ein menschliches Wesen geworden.
>
> Jede Blume sprach zu mir, jede Spinne wob ein Wunder an Feinheit für meine Augen, jeder Vogel begriff, daß hier der Himmel war, der auf die Erde gekommen war. ...
>
> Aber da war etwas noch Wunderbareres als das Licht innerhalb des Lichts – wunderbarer als der Stillstand der Zeit. Es war, daß Gott mit mir in dem Garten ging, wie Er es vor dem Sündenfall tat. Ob ich saß, ob ich ging, Er war dort – strahlend, brennend rein, heilig über alles Heilige hinaus.
>
> Wenn ich atmete, atmete ich Ihn; wenn ich eine Frage stellte, fragte *und* beantwortete Er sie.
>
> Mein Herz war Ihm unverschlossen, und Er kam und ging, wie Er wollte; mein Kopf hatte keine Grenze oder Beschränkung durch einen Schädel, sondern der Geist Gottes spielte auf mir, als wäre mein Bewußtsein eine Harfe, die bis an den Zenit reichte.
>
> Jedes Gebet war erfüllt, jeder mögliche Wunsch nach der ganzen Welt verzehrt; denn Sein Reich war gekommen, und ich hatte es mit meinen eigenen Augen gesehen.[128]

Wenn Raum und Zeit in einem ewigen Jetzt 'enthalten' sind, folgt daraus, daß alles Leben, das in Raum und Zeit existiert, auch Teil eines ewigen Jetzt ist. Es ist demnach nicht überraschend, daß die Offenbarung der Unsterblichkeit der Menschheit in der mystischen Erfahrung eine zentrale Rolle spielt. Wir erinnern uns, daß Tennyson während seiner Erleuchtung den Tod als „eine beinahe lächerliche Unmöglichkeit" wahrnahm.

Simeon, ein griechischer Theologe und Mystiker des zehnten Jahrhunderts, brachte in seinen „Liebesgesängen an Gott" die folgende Erkenntnis zum Ausdruck: „Ich, der ich sterblich bin und eine unbedeutende Person in der Welt, nehme den gesamten Schöpfer der Welt in mir wahr; und selbst während ich jetzt lebe, umfange ich bereits alles blühende Leben in mir und weiß, daß ich nicht sterben werde."[129]

Viele Mystiker sehen jedoch nicht nur Unsterblichkeit, sondern auch Evolution als die Zukunft für den menschlichen Geist an. In seiner Novelle gleichen Namens läßt Balzac Seraphita ihrer Schülerin Minna erklären, daß „die Menschen sich in ihrer Wissenschaft beständig irren, indem sie nicht sehen, daß alles auf ihrem Globus relativ und einem allgemeinen Kreislauf unterworfen ist, einer unaufhörlichen Produktivität, die unvermeidlich Fortschritt mit sich bringt, und einem Ziel. Der Mensch selbst ist nicht die letzte Schöpfung; wenn er es wäre, würde Gott nicht existieren."[130]

Jalal-ud-din Rumi, der Sufimystiker und Dichter, brachte eine ähnliche Vorstellung im folgenden Gedicht zum Ausdruck:

> Ich starb als Mineral und wurde Pflanze.
> Ich starb als Pflanze und stand auf als Tier.
> Ich starb als Tier und ward ein Mensch.
> Warum sollt' ich mich fürchten? Wann ward durch
>   Sterben ich Geringeres?
> Ein weit'res Mal werde als Mensch ich sterben, um
>   mich aufzuschwingen
> Mit den sel'gen Engeln; doch selbst vom Engeltum
> Muß ich noch weitergehen. Alles außer Gott vergeht.
> Wenn meine Engelseele ich geopfert habe,

Werd' ich zu dem, was kein Bewußtsein jemals
noch ersann.
Oh, laß mich nicht sein! denn Nichtsein ist's,
das spricht:
„Zu Ihm kehren wir zurück."

Teilhard de Chardin, ein Mystiker und Prophet der Zukunft, beschrieb das Leben als einen Aufstieg im Bewußtsein und glaubte, daß die Menschheit sich auf ein *„Über-Leben"* hin entwikkelt. „Wir haben gesagt," schrieb Teilhard, „daß das Leben, durch seine Struktur an sich, nachdem es einmal auf sein Stadium des Denkens gehoben worden ist, nicht im mindesten weitergehen kann, ohne es erforderlich zu machen, noch höher hinauf zu steigen."[131]

Aldous Huxley, Autor von *The Perennial Philosophy* (Die immerwährende Philosophie), stellt die Prämisse auf, daß es einen Unterschied zwischen Unsterblichkeit und Überleben gebe. „Unsterblichkeit", behauptet er, „ist Teilhabe am ewigen Jetzt des göttlichen Grundes; Überleben ist Andauern in einer der Formen der Zeit. Unsterblichkeit ist das Ergebnis völliger Befreiung."[132] Diese Theorie scheint mit der Evolution des menschlichen Geistes vereinbar zu sein und legt den Schluß nahe, daß die Seele sich von bloßem Überleben zu Unsterblichkeit hin weiterentwickeln würde.

Aldous Huxleys „kleinste wirksame Hypothese" ist eine zwingende Zusammenfassung einer Diskussion über das Wesen der Wirklichkeit, wie es durch die mystische Erfahrung geoffenbart wird. In Übereinstimmung mit seiner umfassenden Studie über Mystiker aus den größeren Religionen und Kulturen durch alle Zeitalter hindurch gebraucht er Sprache von verschiedener religiöser Orientierung. Seine Hypothese schließt:

Daß es eine Gottheit gibt, einen Grund, Brahman, ein klares Licht der Leere, welches das unmani-

> festierte Prinzip aller Manifestationen ist.
>
> Daß der Grund zugleich transzendent und immanent ist.
>
> Daß es menschlichen Wesen möglich ist zu lieben, zu erkennen und von möglicher zu tatsächlicher Identität mit dem göttlichen Grund zu gelangen.
>
> Daß, diese vereinende Erkenntnis der Gottheit zu erlangen, das Endziel und der letzte Zweck der menschlichen Existenz ist.
>
> Daß es ein Gesetz oder Dharma gibt, dem gehorcht werden muß, ein Tao oder einen Weg, der befolgt werden muß, wenn die Menschen ihr Endziel erreichen wollen.
>
> Daß, je mehr Selbst da ist, desto weniger von der Gottheit da ist; und daß das Tao daher ein Weg der Demut und Liebe ist, das Dharma ein lebendiges Gesetz von ... das Selbst transzendierendem Bewußtsein.[133]

Über „den Weg“ werden wir im nächsten Kapitel mehr erfahren.

Kapitel 7

Heute morgen erwachen

Faktoren, die die mystische Erfahrung aktivieren

Eile zu seinen Füßen –
er steht jetzt gerade dicht neben deinem Kopf.
Du hast Millionen und Abermillionen Jahre
geschlafen.
Warum nicht heute morgen erwachen?

– Kabir

Jenes Licht, dessen Lächeln das Universum
entzündet,
Jene Schönheit, in der alle Dinge wirken und sich
regen,
Jener Segen, welchen der alles verdunkelnde Fluch
Der Geburt nicht auslöschen kann, jene tragende
Liebe,
Die durch das Netz des Daseins, blind gewebt
Von Mensch und Tier und Erd' und Luft und Meer,
Hell oder trübe brennt, wie jedes Spiegel ist
Des Feuers, nach dem alle dürsten.

– Shelley

Wer kann anstreben, ein Mystiker zu sein? Warum scheint es, als werde eine Person einer anderen vorgezogen, wenn sie erwählt wird, diese Gnade zu erhalten? Wir haben in der Bibel gelesen: „... viele sind berufen, wenige aber auserwählt“ (Matt. 22,14). Das trifft auch auf die wundersame Reise zu, die „eine Erkundungsreise in Gott hinein“ ist. Der, der „auserwählt“ ist, ist jedoch das individuelle Selbst, denn der Weg steht allen offen. In jeder Seele liegt das Potential zur Einswerdung mit Gott oder der göttlichen transzendenten Realität, aber, wie Eckhart festgestellt hat, es ist bedeckt von „dreißig oder vierzig Häuten oder Fellen, geradeso wie die eines Ochsen oder Bären, so dick und hart.“ Nichtsdestoweniger – behauptet Eckhart und sagen auch andere Mystiker – bleibt dieser „göttliche Funke“ rein, unzerstörbar und heilig.

Raynor Johnson, ein Mystiker wie auch einer, der mystische Religion studierte und lehrte, behauptet in seinem Buch *Watcher on the Hills* (Beobachter auf den Hügeln): „Es gibt ein Zentrum in der Seele, das sich in der mystischen Erfahrung direkt und unmittelbar mit dem in Verbindung setzen kann, was hinter dem Anschein liegt.“[134] F. C. Happold, ebenfalls ein Mystiker und Akademiker, stimmt dem zu. „Menschen besitzen“, schrieb er, „ein Organ oder Vermögen, welches fähig ist, spirituelle Wahrheit wahrzunehmen, und in seiner eigenen Sphäre kann man sich auf dieses Vermögen ebensosehr verlassen wie auf andere Sinnesorgane in der ihren.“[135]

Einer der anerkanntesten modernen Mystiker und Lehrer, Joel Goldsmith, spricht in seinem Buch *A Parenthesis in Eternity* von diesem Zentrum als einer Knospe, die bereit ist, sich zur passenden Zeit zu öffnen. „Im Bewußtsein eines jeden von uns ist ein Etwas. Es ist unmöglich, sein wahres Wesen aufzudecken, außer zu erklären, daß es mir erscheint, als sei es eine fest geschlossene Knospe, beinahe wie eine frische neue Rosenknospe. Wenn Schüler zu mir kommen, kann ich dieses Etwas manchmal in ihnen spüren, diese feste kleine Knospe in ihrem Bewußtsein, und ich weiß, daß es ihr spirituelles Wesen ist, ihr Christus oder ihre Göttlichkeit.“[136]

Wann sich diese Knospe öffnet bzw. das „Zentrum“ aktiviert wird, ist weitgehend uns überlassen. Wir jedoch sind in unser materielles Leben verwickelt, beschäftigt mit „Bekommen und Ausgeben“, und sind in unseren individuellen Egos unfähig, unser getrenntes Selbst loszulassen. „Gott ist in uns zu Hause“, sagt Eckhart, „aber wir sind im Ausland.“

Ein schöner Abschnitt aus *A Parenthesis in Eternity* ist eine Bekräftigung der Notwendigkeit einer Hingabe.

> Es gibt einen Christusgeist [Goldsmith gebraucht den Begriff *Christus*, um den Geist Gottes zu bezeichnen], und er wird unsere sterblichen Körper auferstehen lassen; er wird für unsere Erfahrung das Brot und der Wein und das Wasser sein; er wird uns aus jenen leeren Jahren der Heuschrecken herausholen. Es gibt einen Geist, aber es muß ein Preis dafür bezahlt werden – eine Übergabe. Man kann nicht Spiritualität einem Gefäß hinzufügen, das bereits voller Materialität ist. Wir können das Himmelreich nicht unserem persönlichen Selbstempfinden hinzufügen; wir können das Himmelreich nicht erlangen, wenn da eine unangemessene Liebe zu persönlicher Macht, eine Liebe zum Prunk, eine Liebe zu Ruhm und Namen besteht oder ein Wunsch, auch nur die Vorteile und die Früchte des Geistes in Gestalt besserer menschlicher Lebensumstände vorzuzeigen. Unser Gefäß muß leer von Selbst sein, ehe es mit der Gnade Gottes gefüllt werden kann.[137]

Francis Thompson gibt ähnliche Weisheit in seinem Gedicht „In keinem fremden Land“ wieder.

Die Engel bleiben auf den alten Plätzen; –
Dreh'n einen Stein nur, regen einen Flügel!
Ihr seid's, eure entfremdeten Gesichter,
Die das Herrliche verpassen.

Erleuchtung wird von vielen Mystikern mit dem Erwachen aus einem Traum verglichen, aus Illusionen, die wir in unserer Trennung von Gott geschaffen haben. Ein deutliches Beispiel eines solchen Erwachens wäre hier das des Saulus auf seinem Weg nach Damaskus, und selbst er zog sich eine Zeitlang von der Welt zurück, bevor er fähig war, die Erfahrung zu integrieren und diese neue Wirklichkeit in seinem Leben als Paulus zu aktivieren.

In unserer Reise zur Gotteserkenntnis ist ein mystisches Erlebnis eine Gnade – ein Licht, das auf unseren Weg geworfen wird, eine Andeutung der göttlichen Realität, die unser Aufenthaltsort sein wird, wenn wir unsere „vierzig Häute" abgelegt und unser spirituelles Erbe akzeptiert haben. Es kann als Lichtstrahl dienen, der uns in ein reicheres Leben weiterführt, in dem Glaube und gesteigertes spirituelles Verständnis uns zu weiterem Wachstum begleiten, oder es kann uns auf eine Suche katapultieren, die nicht zu befriedigen ist, ehe wir nicht das Ziel erreicht haben, beständig in der göttlichen Gegenwart zu leben.

Obwohl die mystische Erfahrung eine Gnade ist und sich nicht befehlen läßt, läßt sie sich doch vorbereiten, entweder bewußt oder unbewußt. Das Leben selbst hat es an sich, daß es uns vorbereitet, indem es uns beständig in Sackgassen in der materiellen Welt führt, wo wir ursprünglich unser Glück suchen. Mit angeschlagenem und wundem Ego werden wir offen für neue Möglichkeiten des Seins. Der mystische Pfad oder Weg, der in Ost wie West im wesentlichen derselbe ist, ist allen zugänglich, die bereit sind, auf ihrer spirituellen Reise bewußt zielstrebig voranzuschreiten. Der Weg ist schwer, aber diejenigen, die dieses „gelobte Land" erreicht haben, versichern uns, daß der Lohn dafür die „kostbare Perle" ist. Der Pfad führt letzten Endes fort von unserem abgetrennten Selbst, unserem fordernden Ego, in die Hände eines liebevollen Gottes.

Arthur Osborn definiert Egoismus, den Fokus des abgetrennten Selbst, als „ein Einengen des Kreises der Aufmerksamkeit, dergestalt ein 'Spot-Light' des Bewußtseins mit augenscheinlich separaten Interessen schaffend" – eine Blindheit, die „bewirkt, daß sich ein begrenzter Gesichtspunkt so verkleidet, als wäre er das Ganze."[138] In einigen Lagen können dennoch bestimmte Auslöser oder Katalysatoren dahin wirken, daß sie, wie vorübergehend auch immer, ein momentanes abruptes Aufhören des Ego-Bewußtseins verursachen und das Ganze bzw. das Gottesbewußtsein erfahrbar werden lassen. „Als menschliche Wesen", schrieb Joel Goldsmith, „sind wir in dem Grab, in dem der Christus beerdigt ist, und alles, was die Welt sieht, ist dieser lebende Leichnam, in dem wir begraben sind. In uns, in diesem Grab menschlicher Selbstheit, ist der Christus, und in bestimmten Augenblicken unseres Lebens, wie es uns auch in diesem Augenblick widerfahren kann, findet ein Erlebnis statt, und dann, ein paar Stunden später, wenn wir in den Spiegel schauen, stellen wir plötzlich fest, daß uns die Augen geöffnet worden sind."[139]

Andrew Greeley, ein katholischer Priester, Soziologe und produktiver Autor, hat ausgiebige Forschungen auf dem Gebiet der mystischen Erfahrung und des mystischen Bewußtseins unternommen. In seinem Buch *Ecstasy: A Way of Knowing* (Ekstase: Ein Weg des Erkennens) bringt Pater Greeley u.a. die Frage nach den Auslösern mystischer Erfahrung zur Sprache. Seine These ist, daß diese Dinge dazu dienen, das sozusagen 'auf Posten' stehende Ego von seiner Wache über unser Getrenntsein abzulenken.

> Die Auslöser der ekstatischen Erfahrung können als Signale angesehen werden, die die Person an ihr Mit-Wesen (*co-naturality*) mit dem Universum erinnern. Ein großartiger Klangdonner in einer Sinfonie, eine rosenfarbene Wolkenbank, die bei Sonnenuntergang

über einem See hängt, die verschleierte Stille einer Kathedrale mit farbigen Glasfenstern ... die Sterne, die in das nächtliche Himmelszelt gesetzt sind, ein besonders angenehmes Liebeserlebnis – all dies erinnert den Menschen daran, daß das Universum, von dem er ein Teil ist, überwältigend ist, und in der Tat überwältigend freundlich. Auslöser wischen die Ablenkungen, die Unruhe, die Sorgen und selbst die Aktivitäten der rationalen Welt beiseite und lassen den Menschen zeitweilig passiv im Griff des Seins zurück und von daher prädestiniert dazu, wenn auch vorübergehend, die Macht des Seins total und unmittelbar enthüllt zu erleben.[140]

In vorangegangenen Kapiteln haben wir bereits einige der Katalysatoren für die mystische Erfahrung besprochen und erläutert, wie die Schönheiten der Natur, große Liebe und Verzweiflung. Es gibt jedoch noch viele andere. Die folgende Aufzählung umfaßt die bekannteren Auslöser: große Schönheit wie z.B. in der Natur und in der Kunst; Liebe, die über die Grenzen des Ego hinausgeht; Verzweiflung; Schmerz und Krankheit; künstlerische Werke wie Lyrik, Musik, Literatur und Kunst; Religion – religiöse Schriften, Gottesdienste und religiöse Stätten; kreative Tätigkeit; sexuelle Liebe; Geburt eines Kindes; eine Haltung tiefen Infragestellens; Isolation, besonders in Verbindung mit der Haltung des Infragestellens; ein Lehrer; Meditation und Kontemplation und das Befolgen des mystischen Pfades.

Gelegentlich bringen die Umstände gleich mehrere Katalysatoren hervor, die zusammenwirken, um die mystische Erfahrung auszulösen. Solches war der Fall bei Ignatius von Loyola im Spanien des fünfzehnten Jahrhunderts. Als ein jüngerer Sohn aus niederem Adel war Ignatius als Wüstling und Frauenheld bekannt, der seine Zukunft als Söldner im Dienste eines mächtigen Edelmannes der Gegend zu sichern suchte. In einem Gefecht bei der Verteidigung einer Burg wurde er schwer verletzt und bedurfte einer sehr schmerzhaften Operation: ein Knochen wurde ohne jedes Narkosemittel durchgesägt und wieder zusammengesetzt. Während er sich in der Burg seiner Familie erholte, fragte Ignatius nach Ritterromanzen zum Lesen. Es waren jedoch keine zu finden, daher gab man ihm Bücher über Religion und das Leben der Heiligen. Hiernach war es, daß er begann, die lebensverwandelnden mystischen Erfahrungen zu haben, die schließlich zur Gründung eines der größten religiösen Orden führten, dem der Jesuiten, und zu seiner eigenen Reise dahin, einer der Mystiker zu werden, die „das geeinte Leben" erreicht haben.

Margaret Prescott Montague, Novellistin, Verfasserin von Kurzgeschichten und Lyrikerin, litt als Kind unter fortschreitender Blindheit und wurde später beinahe völlig taub. Zu einem bestimmten Zeitpunkt in ihrem Leben erholte sie sich von einer Operation, die mit körperlichen Schmerzen und später akuter geistiger Depression verbunden war. Während dieser Zeit hatte sie eine Erfahrung, in der sie behauptete: „... meine Augen wurden geöffnet, und zum ersten Mal in meinem ganzen Leben erfaßte ich einen Schimmer von der ekstatischen Schönheit der Wirklichkeit."[141]

An einem wolkenverhangenen Tag war Margaret im Rollstuhl auf die Veranda herausgefahren worden, wo Patienten die Luft genossen und mit Besuchern zusammentrafen. Es wehte ein Wind, aber abgesehen davon war es ein ganz gewöhnlicher Tag. Hier ist ihr Bericht über das Erlebnis, das folgte:

> Ich kann mich heute nicht mehr daran erinnern, ob die Offenbarung plötzlich kam oder allmählich; ich erinnere mich nur, daß ich mich inmitten dieser wunderbaren Augenblicke wiederfand und das Leben zum ersten Mal in all seinem jugendlich betörenden Reiz von Lieblichkeit, in seiner unaussprechlichen

Freude, Schönheit und Bedeutung wahrnahm. Ich kann nicht genau sagen, worin die geheimnisvolle Veränderung bestand. Ich sah nichts Neues, aber ich sah all die gewöhnlichen Dinge in einem wunderbaren neuen Licht – in dem Licht, das, wie ich glaube, ihr wahres Licht ist. Ich sah zum ersten Mal, auf was für eine wilde Art schön und freudvoll das gesamte Leben ist, über alle Worte hinaus, mit denen ich es beschreiben könnte. Jeder Mensch, der über diese Veranda ging, jeder Spatz, der flog, jeder Ast, der sich im Winde bog, war darin mitinbegriffen und war Teil der ganzen verrückten Ekstase von Lieblichkeit, von Freude, von Bedeutung, von Berauschtsein des Lebens.

Es war nicht so, daß ich mir für ein paar fieberhafte Augenblicke die gesamte Existenz als schön *vorstellte*, sondern vielmehr so, daß mein inneres Sehvermögen geklärt und geöffnet wurde für die Wahrheit, so daß ich die tatsächlich bestehende Lieblichkeit, die immer da ist, die wir jedoch so selten wahrnehmen, *sah*; und ich wußte, daß jeder Mann, jede Frau, jeder Vogel und jeder Baum, jedes lebendige Ding vor mir, außerordentlich schön und außerordentlich wichtig war. Und während ich sah, schmolz mein Herz aus mir heraus in einer Verzükkung der Liebe und Freude. ...

Einmal unter all den grauen Tagen meines Lebens habe ich ins Herz der Wirklichkeit geblickt; ich bin Zeuge der Wahrheit geworden; ich habe das Leben gesehen, wie es wirklich ist – hinreißend, ekstatisch, verrückt schön und zum Überströmen erfüllt von einer wilden Freude und einem unaussprechlichen Wert. Für jene verherrlichten Augenblicke war ich verliebt in jedes lebende Wesen vor mir – die Bäu-

> me im Wind, die kleinen Vögel, die da flogen, die Krankenschwestern, die Assistenzärzte, die Leute, die kamen und gingen. Es gab nichts Lebendiges, das kein Wunder war. Nur lebendig zu sein war schon an sich ein Wunder. Meine Seele selbst floß in einer großen Freude aus mir heraus.[142]

Kunstwerke stehen nach der Natur an nächster Stelle; wie diese gehören sie zu den verbreitetsten Katalysatoren für die mystische Erfahrung. Das sollte nicht überraschen, da viele Künstler, selbst wenn sie keine 'ausgewachsenen Mystiker' sind, die mystische Veranlagung teilen. Nach ihren umfassenden Studien über Mystik folgerte Evelyn Underhill, daß alle wirklichen Künstler in einem gewissen Maße Teilhaber am Erleuchteten Leben sind. Einige Künstler verfolgen sehr bewußt die Kommunikationsweise der mystischen Vision, wie es William Blake tat, der ein voll erleuchteter Mystiker war. Blake glaubte, daß es seine Berufung sei, gewöhnlichen Menschen diese mystische Erleuchtung – diese gesteigerte Vision der Realität – zu Bewußtsein zu bringen und die 'Wahrnehmungspforten' des Menschheitsbewußtseins zu reinigen. Im folgenden Auszug aus seinem Gedicht „Jerusalem" erklärt er diese Mission:

> ... Ich ruhe nicht bei meiner großen Aufgabe,
> Zu öffnen die Ewigen Welten, zu öffnen die
> unsterblichen Augen
> Des Menschen nach innen zu den Welten des
> Denkens: in die Ewigkeit,
> Die ewig sich ausdehnt in den Busen Gottes hinein,
> die menschliche Phantasie.
> O Erlöser, gieß auf mich aus deinen Geist
> der Demut und der Liebe,
> Lösch aus die Selbstheit in mir: sei du mein
> ganzes Leben.

Die tiefgreifende Wirkung, die Literatur mystischer Art haben kann, wurde in Kapitel Zwei durch Maurice Bucke veranschaulicht, dessen dramatische Erfahrung sich einstellte, nachdem er mit Freunden die Werke der Dichter Wordsworth, Whitman, Shelley und anderer gelesen hatte.

Die Schönheit der Musik, der 'internationalen Sprache', spricht ebenfalls unmittelbar zur Seele und ist nicht nur eine Quelle großer Inspiration, sondern häufig auch ein Katalysator für die mystische Erfahrung. „Das Geheimnis der Musik", schreibt Evelyn Underhill, „wird von denjenigen, die so leichthin ihre Geschenke entgegennehmen, nur selten erkannt. Und doch hat von all den Künsten die Musik allein mit der Literatur die Macht gemeinsam, in uns eine Antwort auf die Lebensregung des Universums zu erwecken: bringt uns – wir wissen nicht wie – Nachrichten von seinen überschwenglichen Leidenschaften und seinem unvergleichlichen Frieden. Beethoven hörte die Stimme der Wirklichkeit selbst, und nur wenig ging davon verloren, als er sie für unsere Ohren übersetzte."[143] Viele große Musiker und Komponisten sind auch Mystiker und in der Lage, transzendente Quellen der Inspiration anzuzapfen. Ein bezauberndes Buch, *Talks With Great Composers* (Gespräche mit großen Komponisten) von Arthur Abell, gibt vertrauliche Gespräche mit einigen der großen musikalischen Meister wieder, in denen sie ihre mystische Sicht der Musik preisgeben.

Joseph Joachim, ein berühmter Geiger seiner Zeit, arrangierte ein Treffen zwischen Arthur Abell und Johannes Brahms, weil er an Abells Plan, ein Buch über Genie und Inspiration zu schreiben, interessiert war. Während ihres ausführlichen Gesprächs gab Brahms im Vertrauen kund, daß er glaubte, daß alle wahrhaft inspirierten Ideen von Gott kommen, und enthüllte die Geheimnisse um das 'Wie' seines Komponierens: er komponiere bewegt von den Seelenkräften in ihm. „Der Geist ist das Licht der Seele", sagte Brahms. „Der Geist ist universell. Der Geist ist die schöpferische Energie des Kosmos. Die Seele des Menschen ist sich ihrer Kräfte nicht bewußt, bis sie vom Geist erleuchtet wird. Um sich zu entwickeln und zu wachsen, muß der Mensch daher lernen, wie er seine eigenen Seelenkräfte gebrauchen und entfalten kann."[144]

Als er gefragt wurde, wie er mit diesen göttlichen allmächtigen Kräften in Verbindung trete, konstatierte Brahms, daß er immer über den Abschnitt aus dem Johannesevangelium „Ich und der Vater sind eins" (Joh. 10,30) nachsönne, ehe er seine Arbeit begönne. Dann würde er stets drei wichtige Fragen stellen – woher? wofür? und wohin? –, worauf er erklärte:

> Ich spüre sofort Schwingungen, die mein gesamtes Wesen erregen. ... Diese sind der Geist, der die Seelenkraft im Innern erleuchtet, und in diesem euphorischen Zustand sehe ich klar, was in meinen gewöhnlichen Stimmungen dunkel ist; dann fühle ich mich in der Lage, Inspiration von oben entgegenzunehmen, wie Beethoven es tat. Über allem erkenne ich in solchen Augenblicken die gewaltige Bedeutung von Jesu erhabener Offenbarung: „Ich und mein Vater sind eins." Diese Schwingungen nehmen die Form deutlicher geistiger Bilder an, nachdem ich mein Verlangen und meinen Entschluß im Hinblick darauf, was ich möchte, formuliert habe – nämlich inspiriert zu werden, damit ich etwas komponieren kann, das die Menschheit erheben und ihr nutzen wird – etwas von bleibendem Wert.
>
> Sofort fließen die Ideen auf und in mich ein, direkt von Gott, und ich sehe nicht nur vor meinem geistigen Auge deutliche Themen, sondern sie sind auch in die richtigen Formen, in Harmonien und Orchestrierung gekleidet. Maß für Maß wird mir das vollendete Produkt enthüllt, wenn ich in jenen seltenen, inspirierten Stimmungen bin.[145]

Diese persönlichen Enthüllungen von Brahms' metaphysischer Betrachtungsweise des Komponierens lassen die Offenbarungen von Katharine Trevelyan über das sowohl kosmische als auch irdische Wesen der Musik weniger überraschend erscheinen. Während eines mystischen Zwischenspiels wurden Katharine die folgenden Einsichten geschenkt. „Ich sah Konzeptionen wie die Motette 'Fürchte dich nicht', die wir gerade einen Monat zuvor gesungen hatten, als Seiendes, das in Besitz einer ewigen Gestalt war – als immer da gewesen, wobei Bach sie nur verkörperte, zur Erde brachte. Ich fand, daß Musik das reinste Verbindungsglied zwischen Menschen war, an Klarheit bei weitem unsere Worte oder Taten übertreffend, die immer durch Persönlichkeit verwischt wurden."[146] An einer anderen Stelle während der Erfahrung erkannte sie, daß sie die „Sphärenmusik" hörte, die sie bis dahin für eine poetische Phantasie gehalten hatte. „Jetzt gewann ich den deutlichen Eindruck, daß der Klang von der Bewegung in den Himmeln verursacht wurde, und auch, daß alle Musik, die auf Erden komponiert wurde, das Ergebnis davon war, daß Menschen diese himmlische Musik in sich selbst vernahmen, selbst wenn ihnen dies nicht bewußt war."[147]

Es überrascht demnach nicht, daß derartig inspirierte Musik als ein Stimulans für eine mystische Erfahrung bei anderen wirken konnte. Das Erlebnis, das unten wiedergegeben wird, wurde vom Singen des *Te Deum* in einer Dorfkirche ausgelöst. Es vollzog sich außerhalb unseres irdischen Zeitrahmens, da das *Te Deum* noch weiterging, als die Erfahrung bereits zu Ende war. Während sie sich zuerst eines bläulichen Rauchs bewußt war, der von den Steinfliesen aufzusteigen schien, erkannte die Person, die dieses Erlebnis hatte, bald darauf, daß sie „einen weichen, unfaßbaren, aus sich selbst leuchtenden Dunst von violetter Farbe" sah, der sich über die Wände und das Dach des Gebäudes hinaus ausdehnte. Der Betreffende konnte durch die Wände hindurchsehen und die dahinterliegende Landschaft sehen. Er sagte: „Ich sah alle Teile meines Seins gleichzeitig, nicht nur durch meine Augen. ... Aber trotz all dieser intensivierten Wahrnehmungskraft gab es keinen Berührungsverlust in bezug auf meine physische Umgebung, keine Aufhebung meiner sinnlichen Wahrnehmungsvermögen. ... Ich fühlte Glück und Frieden, die nicht mit Worten zu beschreiben sind.“ Sein Bericht fährt fort:

> In diesem Augenblick wurde der lichte Dunst, der mich und alles um mich herum umgab, in goldne Herrlichkeit verwandelt, in unsagbares Licht. ... Das goldene Licht, von dem der violette Dunst nunmehr bloß der Schleier oder der äußere Rand gewesen zu sein schien, entquoll einem zentralen, immensen Strahlenglobus. ... Aber das Wunderbarste war, daß diese Strahlen und Wellen des Lichtes, das riesige Ausmaß der Photosphäre und selbst der große Zentralglobus selbst zu Solidarität mit den Gestalten lebendiger Wesen zusammengedrängt wurden ... ein einziger zusammenhängender Organismus, der allen Platz und Raum ausfüllte, aber zusammengesetzt aus einer Unendlichkeit indivuduierter Existenzen. ...
>
> Aber dieses gewaltige Schauspiel von Himmel und Erde wurde von einer noch dichteren, noch gehaltvolleren Erfahrung gefolgt; einer, in der alles in Zeit und Raum und Form aus meinem Bewußtsein verschwand und nur die unbeschreiblichen ewigen Dinge blieben. ... Und wie die Zunge einer Kerzenflamme plötzlich aufwärts springt, wenn ein Gegenstand unmittelbar darüber gehalten wird, so sprang die Flamme meines Bewußtseins bis an ihre äußerste Grenze und trat über in die Region des Gestaltlosen und Unerschaffenen, von dem zu berichten alle Worte unvermögend sind.[148]

Das Bewußtsein hat, neben anderen Zwecken, eine Konzentrationsfunktion. Wir werden stets mit mehr Daten bombardiert – geistigen, emotionellen und gegenständlichen –, als wir zu einer gegebenen Zeit auf einmal aufnehmen können. Das Gehirn-Bewußtsein dient, durch konditionierende und egozentrische Interessen, dazu, diese Reize auf ein Maß herabzusenken, das unsere Fähigkeit, mit ihnen umzugehen, nicht überfordert. Unsere egozentrischen Interessen bewirken jedoch auch, daß wir blind sind für eine Wirklichkeit, die uns stets durchdringt, die wir jedoch nicht sehen. Wenn wir selbst auf gewisse Weise vorbereitet sind – wie bei umgepflügtem Boden, könnte man sagen –, dann kann es geschehen, daß wir mit einem Reiz und/oder einem geistigen Zustand konfrontiert werden, der für einen Augenblick das „Ich-Mein"-Bewußtsein ablenkt und das Bewußtsein für diese andere Wirklichkeit hereinläßt. Der persische Mystiker Suhrawardi brachte eine interessante Vorstellung über das Einsetzen eines mystischen Erwachens zum Ausdruck. „Es mag ein äußerer Stimulus sein ..., der das vorbereitete Bewußtsein dem Blitz öffnet. Wir können es so sehen, daß dies bedeutet, nicht, daß die Erleuchtung auf den Stimulus zurückzuführen ist, wohl aber, daß, wenn das Selbst reif ist für die Erfahrung, der spezielle Augenblick der Erleuchtung durch jeden Faktor bestimmt werden kann, der die Intensität steigert, mit welcher der gesamte Mensch lebt. Der plötzliche Blitz ist, für sich genommen, nur von geringer Wichtigkeit; er ist bloß ein Signal, das anzeigt, daß der Punkt erreicht worden ist, an dem die Fusion von vernunftgelenktem Denken und emotionellem Bewußtsein zur Erfüllung gelangt."[149]

In der folgenden Erfahrung kommen zwei Auslöser – die überwältigende Schönheit der Natur und ein intensives inneres Fragen – zusammen, um das Bewußtsein dieser Person in eine andere Dimension zu verlagern.

Geboren in den Bergen des Libanon, habe ich schon immer die Einsamkeit hoher Gipfel und tiefer Schluchten geliebt und Frieden in der Gesellschaft phantastischer Felsformationen gefunden. ... Es war ein Spätsommernachmittag, kühl, klar und friedlich. Ich saß auf einem einzelnen Felsen, im Schatten einer hohen Klippe. Vor mir fiel ein Streifen Land, der übersät war von Felsen und Bäumen, zu einer tiefen Schlucht ab. Unmittelbar zu meiner Linken erhob sich beinahe senkrecht der zerklüftete Mount Sanin – einer der höchsten und anmutigsten Gipfel unter den Bergen des Libanon. Hin und wieder konnte ich das Zwitschern eines Vogels, das Blöken eines Mutterschafes oder das Brüllen einer Kuh hören.

Von einem zum anderen treibend, wurden meine Gedanken schließlich im Netz solcher Fragen gefangen wie *wie*? und *wann*? und *warum*? und *durch wen*? all dies zustande gekommen war. Solche Fragen hatten mich schon lange bedrängt, obwohl ich erst 20 bis 21 Jahre alt war. In völligem Vergessen alles dessen, was um mich war, begann ich mich wie jemand zu fühlen, der sich durch ein endloses Labyrinth hindurcharbeitete und einen Ausweg daraus suchte. Die Suche schien mich jedoch nicht zu bedrücken. Im Gegenteil, ich hatte das Gefühl, als würde ich weiter und weiter getrieben und als wäre ich am Rande des Durchbruchs.

Jetzt nachlassend, dann wieder aufflammend, verließ mich dieses Gefühl nicht, bis ich plötzlich aus dem Labyrinth auf- und in eine Welt, die von blendendem Licht überflutet war, eintauchte. Wie lange ich mich in diesem Labyrinth abgemüht hatte, daran erinnere ich mich nicht. Wie lange mir das Gefühl des Lichts blieb – auch das ist schwer in Sekunden zu fassen. Es erschien wie ein flüchtiges Augenzwinkern; und es erschien auch wie eine Ewigkeit.

So gewichtig, so tief war diese Erfahrung, daß ich für den Rest des Tages und noch viele Tage danach lebte und umherging wie einer, der auf Flügeln hochgehoben und dem ein Einblick ins Paradies gewährt wurde. Nichts um mich herum erschien mir fremd oder meiner Liebe unwürdig. Ich war im Frieden mit allen Dingen.[150]

Starr Daily wurde, wie wir uns erinnern, erleuchtet, während er sich in Einzelhaft befand. Arthur Koestler hatte eine mystische Erfahrung, während er in einem spanischen Gefängnis war. Eine andere Erleuchtung fand in einem Gefängnis in Ägypten statt. Diese spezielle Erfahrung ist nicht nur als Beispiel dafür wichtig, welche katalytische Wirkung die Haftsituation in Verbindung mit einem inneren Suchen hat, sondern auch, weil sie unsere ganze moderne Welt beeinflußte.

In Zelle 54 eines ägyptischen Gefängnisses wurde Anwar el-Sadat tiefgreifend verändert. In seiner Autobiographie *In Search of Identity* (Auf der Suche nach der eigenen Identität) schrieb Sadat: „Zwei Orte auf dieser Welt machen es einem Menschen unmöglich, sich selbst davonzulaufen: ein Schlachtfeld und eine Gefängniszelle.“ Anwar el-Sadat versuchte jedoch nicht, vor sich selbst davonzulaufen. Im Gegenteil, er benutzte die ‘Gelegenheit’ der Gefangenschaft zu tiefer Introspektion und Seelenerforschung. „Jetzt in der vollkommenen Abgeschiedenheit von Zelle 54, als ich überhaupt keine Verbindungen mit der Außenwelt hatte ..., bestand die einzige Art, wie ich meine Einsamkeit durchbrechen konnte, paradoxerweise darin, die Gesellschaft jener inneren Wesenheit zu suchen, die ich ‘Selbst’ nenne.“[151]

Zelle 54 war kahl – kein Bett, Tisch oder Stuhl. Nur eine Palmfasermatte und eine schmutzige Decke lagen auf dem nackten Boden, der von Wänden umgeben war, die Wasser ausschwitzten und „riesige Armeen von Kakerlaken". Die Gefangenen waren gezwungen, verstopfte, dreckige Toiletten zu benutzen, was viele Krankheiten verursachte. Den größten Teil seiner Zeit im Gefängnis über durfte Sadat sich täglich nur für fünfzehn Minuten außerhalb der Zelle bewegen.

Nach vielen Monaten wurde ihm Lesestoff gestattet, und er begann gierig zu lesen. Ein Artikel von einem amerikanischen Psychologen in einer Ausgabe von Reader's Digest erwies sich als ein weiteres Stimulans für die Verwandlung von Sadats Bewußtsein. Der Artikel vertrat die Ansicht, daß, selbst wenn es Zeiten im Leben eines Menschen gibt, in denen er das Gefühl haben könnte, daß „alle Wege vor ihm versperrt sind, daß das Leben selbst eine Gefängniszelle mit einer stets verschlossenen Tür ist ..., es doch mehr als einen Schlüssel zu dieser Tür gibt. ... Kein Problem sollte je als unüberwindlich angesehen werden." Die Philosophie dieses Artikels, so erläuterte Sadat, „eröffnete unendliche Horizonte der Liebe vor mir"[152]. Während er im Gefängnis war, las Sadat auch Schriften von einigen der Mystiker, die, wie er sagte, „mich gewaltig ansprachen, da ich in ihnen einen Ausdruck solcher unartikulierten, beinahe unbewußten Gefühle fand, wie ich sie zu der Zeit erlebte."

Die folgenden Auszüge aus *In Search of Identity* geben Einblick in die mystische Verwandlung des Bewußtseins, die Sadat in Zelle 54 durchlebte.

> Einmal befreit von den engen Grenzen des „Selbst" mit seinem weltlichem Leid und seinen kleinlichen Gefühlen, wird ein Mensch eine neue, noch unentdeckte Welt betreten haben, die weiter und reicher ist. Seine Seele würde dann absolute Freiheit genießen, sich mit der Existenz in ihrer Gesamtheit vereinen, Zeit und Raum transzendieren. Durch diesen Befreiungsprozeß entwickelt sich der menschliche Wille zu einer Liebeskraft, und alle irdischen Kräfte

... tragen dann zur Erlangung vollkommenen inneren Friedens bei und statten einen Menschen auf diese Weise mit absolutem Glück aus. ...

Jetzt, wo ich diese 'neue Welt' entdeckt und tatsächlich begonnen hatte, in ihr zu leben, begannen sich die Dinge zu ändern. Mein enges Selbst hörte auf zu existieren, und die einzige wiedererkennbare Entität war das Totale der Existenz, welches zu einer höheren, transzendenten Wirklichkeit hinstrebte. Es war eine aufrichtige Suche, denn in dieser Welt lernte ich die Freundschaft mit Gott kennen. ...

Meine Freundschaft mit Gott veränderte mich sehr. Ich würde in Zukunft sozusagen nur noch zur Verteidigung einer gerechten Sache die Waffen ergreifen. Denn jetzt hatte ich das Gefühl, eine weitere und schönere Welt betreten zu haben, und meine Fähigkeit zum Ertragen verdoppelte sich. ...

Es war in Zelle 54, wo ich entdeckte, daß Liebe wahrhaftig der Schlüssel zu allem ist. Als die schweren Ketten, die mich an mein „enges Selbst" gebunden hatten, entfernt wurden, begann ich mich an Gottes Liebe zu freuen. Ich hatte das Gefühl, daß ich in Seiner Liebe lebte, daß Liebe ein Lebensgesetz war. In der Liebe wird das Leben – nein, das Sein selbst – möglich; ohne Liebe kommt das Sein zu einem Ende.

Als meine individuelle Entität mit der weit größeren Entität der ganzen Existenz verschmolz, wurde mein Ansatzpunkt, mein neuer Weg Liebe zur Heimat (Ägypten), Liebe zu allem Sein, Liebe zu Gott.[153]

Sadats Erfahrung ist ein weiteres Beispiel für eine Lebensphase, in der spirituelles Wachstum und Freude den äußeren Anschein transzendierten. Sadat schrieb: „Ich sehe meine letzten acht Monate im Gefängnis als die glücklichste Zeit in meinem Leben an. Dort war es, wo ich in jene neue Welt der Selbstverleugnung eingeführt wurde, die meine Seele befähigte, mit allen anderen Wesen zu verschmelzen, die Gemeinschaft mit dem Herrn allen Seins zu erweitern und zu festigen."

Es war wahrscheinlich diese Erfahrung, die Sadat, als er 1970 Präsident von Ägypten wurde, dazu führte, eine Friedensinitiative auf den Weg zu bringen (dokumentiert in seinem Buch *In Search of Identity*). Obwohl Sadat ganz gewiß ein ägyptischer Patriot war und Ägyptens Bestes wollte, ist es auch klar, daß die Philosophie und die Einsichten, die er in Zelle 54 gewann, nach dem Oktoberkrieg zu seiner bemerkenswerten Eröffnung eines Friedensprozesses im Nahen Osten führten, als er einen noch nie dagewesenen Besuch in Israel erst plante und dann ausführte, um in der Knesset zu sprechen – Beginn der ernsthaften Bemühungen in Richtung auf Frieden, die schließlich zum israelisch-ägyptischen Abkommen von Camp David führten.

„Wenn der Schüler bereit ist, wird der Lehrer erscheinen", besagt eine bekannte metaphysische Lehre. Dieser Satz mag stimmen – er paßt jedoch nicht immer zu unseren Erwartungen. Der Lehrer kann eine Person sein, es kann jedoch genausogut ein Buch, ein Gedicht oder ein Artikel sein, nach dem man 'zufällig' gegriffen hat. Der Lehrer kann das höhere Selbst sein, das einen Menschen in bestimmte Richtungen weitertreibt, ein großer geistiger Führer, ein Nachbar oder sogar ein Kind. Im Osten gibt es die Tradition von Guru (Lehrer) und Ashram, wozu ein Kreis von Schülern gehört, die auf den spirituell erleuchteten Lehrer blicken, um von ihm Führung zu erhalten. Im Westen gibt es ähnliche Beziehungen, aber für gewöhnlich nicht so formalisiert.

Es gibt Zeiten, zu denen ein Meister weiß, daß ein Schüler für die Erleuchtung bereit ist und der benötigte Katalysator nur noch eine bloße körperliche Berührung ist. Solches war der Fall bei Paramahansa Yogananda und seinem Guru Sri Yukteswar. Yogananda schrieb über die verwandelnde Kraft der Berührung seines Meisters: „Bei seiner Berührung brach ein großes Licht über mein Sein herein, wie der Glanz von zahllosen Sonnen, die zusammen flammten. Eine Flut von unbeschreiblicher Glückseligkeit überwältigte mein Herz bis in einen allerinnersten Kern hinein."[154] Zu einem anderen Zeitpunkt empfing Yogananda durch die Hand seines Meisters volle Erleuchtung.

> Mein Körper wurde unbeweglich verwurzelt; Atem wurde aus meinen Lungen gesogen wie von einem riesigen Magneten. Seele und Bewußtsein verloren sofort ihre körperliche Gebundenheit und strömten aus jeder meiner Poren wie ein flüssiges, durchbohrendes Licht. Das Fleisch war, als ob es tot wäre; aber in meiner intensiven Bewußtheit wußte ich, daß ich noch nie zuvor so vollkommen lebendig gewesen war. Mein Identitätsgefühl war nicht mehr eng auf einen Körper beschränkt, sondern umfaßte die umgebenden Atome. Menschen auf entfernten Straßen schienen sich sachte über meine eigene entfernte Peripherie zu bewegen. Die Wurzeln von Pflanzen und Bäumen erschienen durch ein schwaches Transparentsein des Bodens; ich konnte den inwendigen Fluß ihres Saftes wahrnehmen.
>
> Die ganze nähere Umgebung lag vor mir bloß. Mein gewöhnliches frontales Sehvermögen war jetzt zu einer ausgedehnten sphärischen Sicht verändert, gleichzeitig alles wahrnehmend. Durch meinen Hinterkopf hindurch sah ich weit weg Menschen die Rai Ghat Lane entlangschlendern und bemerkte auch eine weiße Kuh, die sich gemächlich näherte. ...
>
> Alle Objekte innerhalb meines panoramaartigen Blicks zitterten und vibrierten wie schnelle Film-

bilder. Mein Körper, der des Meisters und der von Pfeilern umgebene Hof, das Mobiliar und der Boden, die Bäume und der Sonnenschein gerieten mitunter in gewaltsame Bewegung, bis alles zu einem leuchtenden Meer schmolz; so wie sich Zuckerkristalle, in ein Glas Wasser geworfen, auflösen, nachdem sie geschüttelt worden sind. Das einende Licht wechselte ab mit gestaltlichen Materialisationen, wobei die jeweiligen Metamorphosen das Gesetz von Ursache und Wirkung in der Schöpfung offenbarten.

Eine ozeanische Freude brandete über ruhige endlose Ufer meiner Seele. Der Geist Gottes, so erkannte ich, ist unerschöpfliche Glückseligkeit; Sein Körper ist zahllose Gewebe von Licht. Ein schwellender Glanz in mir begann Städte, Kontinente, die ganze Erde, Sonnen- und Sternensysteme, zarte Sternennebel und dahintreibende Universen zu umfassen. Der gesamte Kosmos, sanft in sich leuchtend, wie eine Stadt, die man bei Nacht von ferne sieht, glitzerte in der Unendlichkeit meines Seins. Das blendende Licht hinter den scharf eingeprägten globalen Konturen verblaßte an den entferntesten Ecken leicht; dort sah ich ein warmes Strahlen, das stetig war und nie geringer wurde. Es war unbeschreiblich fein; die planetarischen Bilder waren aus einem gröberen Licht gebildet.

Die göttliche Strahlendispersion strömte aus einer Ewigen Quelle hervor, die in Galaxien hineinflammte, die von unermeßlichen Auren verklärt wurden. Wieder und wieder sah ich die schöpferischen Strahlen sich zu Konstellationen verdichten, dann wieder sich in durchsichtige Flammenlaken auflösen. Durch rhythmische Umkehrung zogen Sextillionen

> Welten in durchsichtigem Schimmer vorüber, dann wurde das Feuer zum Firmament.
>
> Ich erkannte den Mittelpunkt des Empyräums als einen Punkt intuitiver Wahrnehmung in meinem Herzen. Strahlender Glanz ging von meinem Kern aus zu jedem Teil der universellen Struktur hin. Beseligende *amrita*, Nektar der Unsterblichkeit, pulsierte durch mich mit einer quecksilbergleichen Fluidität.[155]

Als der Atem plötzlich in Yoganandas Lungen zurückkehrte, war seine Enttäuschung unerträglich. Aus Dankbarkeit für diese kosmische Erfahrung fiel er seinem Guru zu Füßen. Sein Meister sagte jedoch: „Du darfst nicht von Ekstase trunken werden. Viel Arbeit bleibt für dich noch in der Welt zu tun. Komm, laß uns den Balkon putzen; dann werden wir am Ganges spazierengehen."[156]

Wie sein Guru vorhergesagt hatte, war Yogananda der erste große indische Meister, der nach dem Westen gerufen wurde. Seine *Autobiographie eines Yogi*, ein Klassiker, ist eine Quelle des Wissens über die östlichen Meister-Schüler-Beziehungen und die Lehren des Yoga.

Gewöhnlich ist, im Osten wie im Westen, eine der ersten Anweisungen des spirituellen Lehrers an den Schüler die, mit der Praxis der Meditation anzufangen. Es ist das Ziel des wahren Meisters, Schülern zu helfen, das Göttliche in sich selbst zu finden. Um den „Christus in euch, die Hoffnung auf die Herrlichkeit", zu finden, wie Paulus es nannte (Kol. 1,27), wird der Schüler nach innen in sein oder ihr eigenes Bewußtsein hineingelenkt, „durch *Loslassen* und *Tief-in-dich-selbst-einsinken*, wo sich dir das Bewußtsein für die Gleichheit allen Seins bekanntmachen wird. *Dann wird es dir dämmern, daß du ganz Engel bist und mit allen Engeln*", lehrte Meister Eckhart. „Wenn wir von uns selbst entleert sind, nehmen wir in uns Christus, Gott, Glückseligkeit und Heiligkeit auf."[157]

Joel Goldsmith lehrt eine ähnliche Weisheit:

> Das Ziel einer mystischen Lehre ist, den Sohn Gottes im Innern zu offenbaren. Es besteht nicht darin, uns die Verehrung für eine andere Gottheit in der Person des Gründers einer neuen Religion einzuflößen. Es stimmt, jeder spirituelle Lehrer muß aufgrund seines Lebens der Hingabe Dankbarkeit und ehrfürchtige Wertschätzung erwecken, – aber nicht Anbetung. Die wahre Aufgabe des Lehrers und seiner Lehre besteht darin, uns in uns selbst zurückzuwenden, bis auch wir, wie der Lehrer, Durchsagen erhalten. Wenn dies in unserer Erfahrung einsetzt, schmilzt die Erde, die Probleme verschwinden; die mißtönenden Erfahrungen der Erde sind gelöst und aufgelöst – nicht durch irgendwelche Weisheit, die wir besitzen, nicht durch das, was wir in Büchern gelernt haben, sondern durch den Donner jener Stille, die in uns ist.[158]

Im nächsten Kapitel werden wir den „Donner der Stille“, von dem Goldsmith spricht, untersuchen, denn Meditation ist vielleicht der wirksamste Katalysator für die mystische Erfahrung. Wir werden auch den Mystischen Pfad erforschen, der den mystischen Sucher weiterhin ruft.

Kapitel 8

Das Unternehmen

Schritte auf dem mystischen Pfad

Das menschliche Herz kann Gottes Distanzen
zurücklegen.
Finster und kalt mag es uns sein, aber dies
Ist jetzt kein Winter. Das gefrorne Elend
Von Jahrhunderten bricht auf, zerspringt, beginnt
zu fließen,
Der Donner ist der Donner der Eisschollen,
Des Tauwassers, der Flut, des heraufziehenden
Frühlings.
Gott sei Dank ist unsre Zeit jetzt, wo das Unrecht
Uns überall entgegentritt,
Uns nie zu verlassen, bis wir endlich
Den längsten Seelenschritt tun, den Menschen
jemals taten.
Die Dinge haben jetzt Seelenmaß.
Das Unternehmen
Heißt Erforschung Gottes.

– Aus „Ein Schlaf von Gefangenen" von Christopher Fry

Gebet oder das *Zusprechen* unserer Herzen auf die göttliche Quelle hin ist häufig der Anfang eines Nach-innen-Gehens, aber irgendwann muß es abgelöst werden von Meditation bzw. von dem *Hören* auf die göttliche Quelle. „Wenn Gebet wirksam sein soll“, lehrte Goldsmith, „müssen alle Worte oder Gedanken, die wir in den einleitenden Phasen des Gebets verwenden, irgendwann zum Stillstand kommen, und wir müssen uns zurückziehen in die Haltung: ‘Sprich, Herr; denn dein Diener hört.’ Ob es einen Tag, ein Jahr oder viele Jahre dauert, es ist von unbedingter Wichtigkeit, diese Zeiten der Stille einzuhalten, bis wir jene stille leise Stimme im Innern hören und die Gegenwart und ihre Macht spüren.“[159]

Vanora Goodhart, eine englische Künstlerin, wurde durch ein Buch über Zen-Buddhismus von Christmas Humphries, einem englischen Richter, mit Meditationstechniken bekannt. Durch die Meditation erfuhr sie tiefen inneren Frieden und fühlte sich strahlend glücklich. Irgendwann geriet Vanora unter den Einfluß eines spirituellen Lehrers und Heilers, der sie ermutigte, mit der Meditation weiterzumachen. Gegen Ende des Jahres 1977 hatte sie die folgende Erfahrung, während sie meditierte:

> ... Ich fühlte eine Regung an der Wurzel meines Rückgrats und einen leichten Druck, der meinen Rücken emporstieg. Zur selben Zeit begann ein Licht durch meine geschlossenen Augenlider zu dringen, hell und sanft zuerst, aber dann immer intensiver. Offen gesagt, ich habe einen sehr analytischen Verstand, und ich versuchte sofort, das, was da geschah, zu rationalisieren. Für einen Augenblick öffnete ich meine Augen, um mich zu vergewissern, daß dieses Licht von nirgendwo anders im Raum herkam – und mit absoluter Sicherheit kam es nicht von außen.
>
> Ich schloß meine Augen wieder. Die Intensität nahm immer noch zu. Wenn meine Augen offen ge-

wesen wären, dann hätte ich das Gefühl haben müssen, es wäre blendend. Mehr noch: Es lag eine große Kraft und Stärke in diesem Licht, das inzwischen wunderbar tief in meine Gefühle hineinbrannte. Das Glücksgefühl war so absolut überwältigend, daß der immer noch rational tätige Teil von mir sich fragte, ob ich es ertragen könnte – starb ich, verließ ich meinen Körper? Die Nadelstiche, die in meinem Kopf angefangen hatten, verbreiteten sich jetzt durch meinen ganzen Körper; gleichzeitig hatte ich das Gefühl, nach oben und in einen großen und wunderbaren Kraftstrom hineingezogen zu werden, der schließlich zu einem Crescendo anstieg und mich durch und durch mit herrlichem brennendem, mich liebend umfangendem Licht 'badete'. Dann, ganz langsam, sachte, kam ich zurück; wieder war da das machtvolle Gefühl, gezogen zu werden, diesmal zurück nach unten in meinen Körper. Während dieser Zeit hatte ich irgendwann meine Arme spontan ausgebreitet, als wollte ich mein Herz geradezu körperlich dem Licht öffnen.[160]

Meditation, selbst wenn sie über viele Jahre hin fortgesetzt wird, garantiert dem spirituellen Sucher keine mystische Erleuchtung. Sie ist jedoch eine Vorbereitung, die auf dem spirituellen Weg notwendig ist und immer jene Zeit näherrückt, zu der auch wir von göttlichem Verständnis erfüllt werden. „Die Gnade von oben“, heißt es, „bedarf der Vorbereitung von unten.“ Außer daß sie die Tür zum Transzendenten aufschließt, steigert Meditation unser Wohlbefinden im alltäglichen Leben und bringt eine innere Sicherheit und ein friedvolles Bewußtsein mit sich.

Der mystische Weg, der unendliche Weg, ist nicht der Weg des Schwertes; es ist nicht der Weg der Macht

> oder Gewalt: es ist der Weg der Stille. Früher oder später müssen wir sehen, daß es in uns einen inneren Bereich gibt. Er wird alle Fragen beantworten. Er wird uns an dem einzigen Ort unterrichten, an dem wir belehrt werden können – im Innern. Die stille leise Stimme wird uns unterrichten in allem, was unsere besondere Begabung, unser Talent oder unser Spezialgebiet ist, egal ob in spiritueller oder mathematischer Weisheit, Kunst, Literatur, Wissenschaft oder Musik.[161]

Zudem nützt Meditation nicht nur unserer individuellen Entwicklung; sie leistet auch der Welt einen Dienst. „Jedesmal, wenn wir meditieren ...," schrieb Goldsmith, „verringern wir die schlechten und egoistischen Einflüsse in der Welt. Das Ausmaß, in dem das Schlechte verringert zu werden scheint, mag winzig erscheinen ..., aber wenn erst einmal der Geist freigesetzt ist, gibt es für seine weitreichenden Wirkungen keine Grenzen, weil es nichts Derartiges gibt wie jemanden, der 'klein im Geiste' ist, oder etwas wie eine 'kleine Kraft' in diesem Geiste."[162]

> Wenn die Gnade Gottes in deinem Bewußtsein und in meinem empfangen wird, ist sie kein statisches und begrenztes Etwas, das irgendwo innerhalb unserer Gestalt verkörpert wäre: Sie ist vielmehr ein Licht, das uns durchdringt und durchfließt und aus uns herausfließt; und insofern es keine Grenzen für das Wirken des Geistes gibt, fließt dieses Licht, welches wir infolge unserer Vereinigung mit unserer Quelle empfangen haben, durch die Wände und Fenster unserer Wohnungen in die Welt hinaus und wird zu einem Treibmittel, wo immer ein einzelner sein Denken zu Gott erhebt, egal welche Gottesvorstellung er dabei vielleicht hat. Ob er nun in einem Krankenhaus ist

> oder in einem Gefängnis, ob er frei auf der Erde herumgeht oder in irgendeinem Volk lebt, wo er in Sklaverei ist, wenn er sein Denken über die menschliche Macht hinaus erhebt, zu welcher ihm eigenen Vorstellung vom Göttlichen auch immer, dann erreicht das Licht, das aufgrund unserer Meditation von uns ausgeht und durch uns hindurchgeht, diese empfängliche Seele und erleichtert in einem gewissen Grade ihre Last, wobei es sie manchmal von Sünde, Krankheit und falschen Gelüsten befreit.[163]

Die Praxis der Meditation führt den ernsthaften spirituellen Sucher häufig zum mystischen Weg oder Pfad, und sie ist auch das Werkzeug des kontinuierlichen Fortschreitens auf diesem Pfad. Der mystische Weg ist nach Evelyn Underhill nichts Geringeres als der Prozeß der „Umwandlung vom ‘irdischen’ zum ‘himmlischen’ Menschen.“ Obwohl derjenige, der auf diesem Pfad reist, viele Abstecher und Wegschleifen machen und viele Haltepausen einlegen mag, wann immer der ‘irdische’ Mensch bzw. das separate Ego seinen Willen geltend macht, gibt es doch fünf definitive Schritte oder Stadien des Wachstums: das Erwachen des Selbst, eine Läuterung oder Reinigung, Erleuchtung, die „dunkle Nacht der Seele“ und schließlich die Vereinigung.

Das Erwachen

Die äußeren Lebensumstände bringen es immer wieder mit sich, daß wir zu denselben Schlußfolgerungen gelangen, die Matthew Arnold in „Dover Beach“ ausdrückte.

... die Welt, welche vor uns
Zu liegen scheint, ein Land von Träumen,
So vielfältig, so schön, so neu,
Hat doch in Wahrheit weder Freude, Lieb'
noch Licht,
Noch Sicherheit, noch Frieden, noch Hilfe gegen
Schmerzen;
Wir sind hier wie auf einer Ebene, die sich
verdunkelt,
Von wirrem Ruf von Kampf und Flucht bewegt,
Wo unwissende Armeen des Nachts zusammen-
stoßen.

Schließlich dämmert in unserem Bewußtsein die Erkenntnis auf, daß es noch eine bessere Weise geben muß, wie man leben kann; diese Welt, *so, wie wir sie erfahren,* erfüllt nicht unsere Erwartungen. Wir glauben, daß zum Leben mehr gehören muß, und wir rufen nach einem Gott – wie immer dieser auch aussehen mag –, daß er uns helfen möge, dieses Etwas zu finden. Wir sind jetzt bereit für ein *Erwachen* zu einer neuen Wirklichkeit, zum Bewußtsein für eine göttliche Wirklichkeit. Wir sind zwar wahrscheinlich noch nicht bereit, das „alte Selbst" vollständig aufzugeben, weil sich die Muster des materiellen Denkens, die bis zu diesem Zeitpunkt unser Leben beherrscht haben und die uns mit ganzen Schichten von Konditionierung umwickelt haben, zu sehr in uns festgesetzt haben. Aber es ist ein Fenster geöffnet worden. Obwohl uns eine mystische Erfahrung manchmal vielleicht auf dramatische Weise auf den Weg bringt, dienen doch ein stetiges Wachstum an Bewußtheit und eine Entschlossenheit, die Wahrheit zu finden, demselben Zweck.

Wenn unsere Bewußtheit zunimmt, erkennen wir, daß wir an unserem Schicksal aktiven Anteil haben, daß wir nicht unbeteiligte Zuschauer sind oder es zumindest nicht zu sein brauchen. Gleichzeitig wird uns immer bewußter, daß, auch wenn unsere Füße auf morastigem Boden stehen mögen, sich doch unser Geist zu den Himmeln aufschwingen kann. Wir werden uns derer bewußt, die diesen Weg bereits zurückgelegt haben; heilige Schriften und spirituelle Texte werden für uns lebendig und haben auf einmal einen Sinn, der uns bei früherer Lektüre verborgen blieb.

Es gibt eine mittelalterliche Allegorie, die die Suche nach dem „Stein der Weisen“ als Jagd auf den grünen Löwen beschreibt, der symbolisch für das Potential eines jeden Geschöpfes steht, Vollkommenheit zu erlangen.

> Unser Löwe, dem die Reife fehlt
> Wird grün genannt, weil er unreif ist, glaube mir:
> Und doch kann er äußerst schnell laufen
> Und bald schon die Sonne überholen.

Und so geschieht es, wenn wir eine göttliche Realität wahrnehmen, der nachzustreben die einzig lohnende Suche ist, daß wir anfangen, in uns selbst hineinzublicken, um die Wolken zu entfernen, die diese Sonne verdunkeln. Dies ist eine Zeit der Selbsterforschung, der Selbstdisziplin und der Vervollkommnung des Charakters durch das Überwinden der Egozentrik.

Der Lohn ist groß. „Dadurch, daß wir das egozentrische Leben verlieren,“ sagt Huxley, „retten wir das bis dahin latente und unentdeckte Leben, das wir, im spirituellen Teil unseres Wesens, mit dem göttlichen Urgrund gemeinsam haben. Das neugefundene Leben ist ‘reicher’ als das andere und von einer anderen und höheren Art. Sein Besitz ist Befreiung ins Ewige, und Befreiung ist Seligkeit.“[164]

Ob aus eigener Entscheidung oder durch die Umstände bewirkt, das Aufgeben unserer Abhängigkeit von materiellem Besitz kann sich für unsere Seele als glückhaft erweisen. Anwar el-Sadat legte Zeugnis ab vom spirituellen Nutzen des asketischen Lebens.

> In Zelle 54, während meine materiellen Bedürfnisse zunehmend geringer wurden, wurden allmählich die Fesseln, die mich an die materielle Welt gebunden hatten, durchtrennt, eine nach der anderen. Meine Seele war jetzt, nachdem sie ihre irdische Last abgeworfen hatte, befreit und hob so ab wie ein Vogel, der in den weiten Luftraum aufsteigt, in die entferntesten Regionen der Existenz, in die Unendlichkeit. Solange ein Mensch Sklave materieller Bedürfnisse ist – solange er etwas sein möchte oder die eine oder andere Sache besitzen will –, solange wird ihm niemals irgend etwas gehören; er wird immer den „Sachen" gehören.[165]

Der heilige Johannes vom Kreuz vermittelte seine Weisheit im Hinblick auf den Prozeß der Läuterung in den folgenden Versen.

> Auf daß du Vergnügen haben mögest an allem,
> Suche dein eigenes Vergnügen in nichts. ...
> Auf daß du alle Dinge besitzen mögest,
> Suche nichts zu besitzen.
> Auf daß du alles sein mögest,
> Suche nichts zu sein.

Die Intensität der mystischen Erfahrung variiert, wie wir aus vielen Beispielen gesehen haben, von dem plötzlichen Aufblitzen der Einsicht in die Mysterien der Wirklichkeit und dem erneuerten Glauben an ein liebevolles und gütiges Universum, den diese Einsicht mit sich bringt, bis hin zur vollständigen Offenbarung der letzten transzendenten Wahrheit. Evelyn Underhill hat dieses Stadium der Erleuchtung als „das große Zurückschwingen in den Sonnenschein, das die Belohnung für diesen schmerzhaften Abstieg in die 'Zelle der Selbsterkenntnis' ist", beschrieben. Diesem „Zurückschwingen in den Sonnenschein" geht ein „Anheben des Bewußtseins von einer Welt, die nur auf das eigene Selbst ausgerichtet ist, zu einer Welt, die auf Gott ausgerichtet ist", voraus; das gehört zum Wesen der Erleuchtung.[166] In diesem Stadium hat der Mystiker Zugang zu einer höheren Ebene des Bewußtseins, als sie einem gewöhnlichen Menschen zugänglich ist. Obwohl er oder sie nicht kontuierlich daran Anteil hat, ist ihm bzw. ihr das kosmische Bewußtsein zugänglich geworden. Er oder sie erfährt häufig beseligte Zustände und ist sich der Gegenwart Gottes bewußt. Das folgende Gedicht von Rabindranath Tagore drückt das Bewußtsein des erleuchteten Mystikers aus:

> Dein ist das Licht, das aus dem Dunkel hervorbricht, und das Gute, das dem zerspaltenen Herzen der Zwietracht entsproßt.
> Dein ist das Haus, das sich zur Welt hin öffnet, und die Liebe, die dem Schlachtfeld zuruft.
> Dein ist die Gabe, die auch dann noch ein Gewinn ist, wenn alles andre ein Verlust ist, und das Leben, das durch die Höhlen des Todes fließt.
> Dein ist der Himmel, der im gewöhnlichen Staub liegt, und du bist dort für mich, du bist dort für alle.

Die dunkle Nacht der Seele

Es scheint so, als sollte die spirituelle Reise glücklich im Stadium der Erleuchtung enden, und viele Menschen entscheiden sich dafür, dort innezuhalten, oder geben sich eine Zeitlang der Täuschung hin, daß dies das Endziel sei; aber der mystische Weg geht weiter. Selbst wenn die Person, die dieses besondere Bewußtsein erreicht hat, sich der Gegenwart Gottes und sogar der Einheit allen Lebens bewußt ist, so bleibt doch noch ein beständiges bewußtes Einssein zu erreichen. Dieses Einssein verlangt das letzte und abschließende Loslassen des individuellen Egos. „Diejenigen, die weitergehen," hat Underhill gesagt, „sind die großen und starken Geister, die nicht zu *wissen* suchen, sondern dazu getrieben werden zu *sein*."[167]

Die dunkle Nacht der Seele, der diese „starken Geister" begegnen, ist der Name für den schmerzhaften und negativen Zustand, der gewöhnlich zwischen das erleuchtende und das einende Leben tritt. Dies ist nun der Zeitpunkt, zu dem der spirituelle Sucher auf das herausforderndste, das schwierigste Paradox trifft: Du mußt dein Leben verlieren, um es zu finden. Der Aspirant erfährt die dunkle Nacht in dieser Zeit, in der er oder sie, durch Glauben, lernt, alles aufzugeben und ein geläutertes Vehikel für den Ausdruck Gottes zu werden. Auf sich allein gestellt und mit nichts, was ihr geblieben wäre – nicht einmal den spirituellen Freuden der Nähe zu Gott, die so teuer erkauft wurden –, fühlt sich die Seele verlassen, und häufig verzweifelt sie. „Aber ehe eine wirkliche und permanente Vereinigung mit dem Absoluten stattfinden kann," schrieb Underhill, „ehe das ganze Selbst lernen kann, auf jenen hohen Ebenen zu leben, wo es – sein Sein gänzlich hingegeben an den Unendlichen Willen – ganz in Gott verwandelt werden kann, verschmolzen in das große Leben des Allen, muß diese Abhängigkeit von persönlichen Freuden abgelegt werden.“[168] Es ist die letzte Phase der Prüfung, und diejenigen, die sie durchstehen, haben eine große Schlacht gewonnen.

Viele Menschen haben Versionen der dunklen Nacht der Seele erfahren – sogar schon in früheren Stadien spirituellen Wachstums. Raynor Johnson hat das sehr gut in *Watcher on the Hills* beschrieben: „Sie haben viele flüchtige Einblicke in Ebenen, die der des Erleuchtungszustandes nahe sind, aber nach der Verzükkung setzt eine Reaktion ein, und sie fluten zurück in Unzufriedenheit mit sich selbst, Verzweiflung, Frustration und die dunkelste der Nächte. ... Sie haben flüchtig die ‘köstlichen Berge’ erblickt und angenommen, sie seien schon beinahe angekommen.“ Johnson hat das Gefühl, daß dies geschieht, weil das Wachstum der Seele zu schnell und zu abrupt vonstatten gegangen ist. „Spirituelle Distanzen“, sagt er, „können täuschen, und die Enttäuschung kann dementsprechend groß sein.“[169]

Das geeinte Leben

„Das Selbst, das aus der Nacht hervorgeht, ist kein abgetrenntes Selbst ..., sondern der ‘neue Mensch’, die verwandelte Menschheit, deren Leben *eins* ist mit dem absoluten Leben Gottes.“[170] Das Ziel ist erreicht; die Sonne scheint jetzt, nicht auf uns, sondern durch uns hindurch. Wieder werden wir Evelyn Underhill aufsuchen, die große Meisterin mystischen Wissens, um etwas über die Charakteristika des ‘einenden Lebens’ zu erfahren:

> 1) ein vollkommenes Aufgehen in den Interessen des Unendlichen, unter welchem Modus auch immer es vom Selbst wahrgenommen wird; 2) ein Bewußtsein darum, Anteil an seiner Stärke zu haben, vermittels seiner Autorität zu handeln, was ein vollkommenes Freiheitsgefühl, eine unverletzliche Heiterkeit zur Folge hat und das Selbst gewöhnlich zu irgendeiner Art von heroischer Anstrengung oder schöpferischer Aktivität drängt; 3) die Festigung des Selbst als einer „Macht zum Leben“, eines Zentrums der Energie, einer tatsächlichen Quelle spiritueller Vitalität für andere Menschen.

Da gibt es jene Menschen, die das einende Leben erlangt haben und deren Namen nicht von der Geschichte verzeichnet sind. Viele kennen wir jedoch, ganz besonders die großen religiösen Mystiker, die ihre Reise in Schriften und Aufzeichnungen mitgeteilt haben.

Meister Eckhart brachte die Eigenschaften des einenden Lebens zum Ausdruck, als er andere aufrief, ihm nachzustreben: „Jeder von uns sollte ein Himmel sein, in welchem Gott wohnt.“ Richard von St. Victor beschreibt die Erlangung des Zustandes des Einsseins mit dieser eindringlichen Analogie: „Wenn die Seele in das Feuer der göttlichen Liebe geworfen wird, verliert sie, wie Eisen, zuerst ihre Schwärze, und dann wird sie, während sie allmählich weißglühend wird, dem Feuer selbst gleich. Und schließlich wird sie flüssig, und indem sie ihr Wesen verliert, wird sie in eine gänzlich andere Seinsqualität verwandelt.“[171]

Wenn man es einmal gefunden hat, erkennt man dieses neue Leben als das natürliche Leben. Der Verlorene Sohn ist zurückgekehrt. Indem sie sich auf Ruysbroeck bezieht, der im 14. Jahrhundert lebte und den Underhill auch einen der größten Mystiker nannte, den die Welt je kennengelernt hat, erklärt Underhill: „Der Mystiker im Zustand des Geeintseins lebt in und von seinem Heimatland; kein forschender Fremder, sondern ein zurückgekehrter Exilant, der jetzt gänzlich mit ihm identifiziert, Teil von ihm ist, dabei aber seine Persönlichkeit intakt zurückbehält."[172]

Der seliggesprochene Heinrich Seuse, ebenfalls ein Visionär und Mystiker des 14. Jahrhunderts, brachte im *Buch der Wahrheit* im folgenden Abschnitt die freudige Euphorie zum Ausdruck, die ein vollständiges Eingetauchtsein des Selbst in Gott mit sich bringt:

> Wenn der gute und treue Diener zur Freude seines Herrn eingeht, ist er berauscht von den Reichtümern des Hauses Gottes; denn er empfindet – in unbeschreiblichem Maße – das, was ein Berauschter empfindet. Er vergißt sich selbst, er ist sich seiner Selbstheit nicht länger bewußt; er verschwindet und verliert sich in Gott und wird ein Geist mit Ihm, wie ein Tropfen Wasser, der in einer großen Menge Weins untergeht.[173]

Jalal ud-Din, der persische Mystiker, verwendet ebenfalls das Bild des Weins, wenn er die Freude des geeinten Lebens in seinem Gedicht „Die Frühlingsfeier" zum Ausdruck bringt:

> Mit deiner süßen Seel' hat diese Seele mein
> Vermischt wie Wasser sich mit Wein.
> Wer ist's, der teilen Wein und Wasser kann
> So mich und dich, wenn wir werden ein?
> Du wurdest mir mein größ'res Selbst;
> Geringe Fessel schränkt nicht mehr mich ein.
> Du hast mein Sein gezogen an,
> Und soll nicht ich anzieh'n das Dein'?
> Mir hast auf ew'g du zugesagt,
> Daß ich auf ewig dich darf wissen mein.

> Die Liebe dein hat mich durchdrungen durch und durch,
> Ihr Zauber wirkt in Knochen und in Nerv hinein.
> Als Flöte ruhe ich, auf deine Lipp' gelegt;
> Als Laute schlaf' auf Deiner Brust ich ein.
> Hauch' tief in mich, damit ich seufzen kann;
> Doch schlage meine Saiten, und Tränen stell'n sich ein.

Wir brauchen nicht nur in die weit zurückliegende Vergangenheit zu schauen, um Zeichen des Mystikers zu finden, der das geeinte Leben erreicht hat. 1955 schrieb Teilhard de Chardin – es war während seiner letzten Lebensmonate – an einen Freund: „Ich lebe jetzt ständig in der Gegenwart Gottes."[174]

Jae Jah Noh, der Gründer von *The Aspen Grove*, einer spirituellen Gemeinschaft mit Sitz in Denver, Colorado, legt in seinem Buch *Do You See What I See?* (Siehst du, was ich sehe?) Zeugnis ab über seine Entwicklung von seiner ersten mystischen Erfahrung bis hin zu einem Stadium, in dem er in der göttlichen Gegenwart lebte.

> Ich erkannte bald, daß eine grundlegende Veränderung in meinem Bewußtsein, meiner Intelligenz, meiner Denkungsart und meiner Art, sich der Weisheit zu nähern, eingetreten war und daß sie auch noch weiter im Gange war. Die Erfahrung war kein vereinzeltes Vorkommnis, sondern ein lebendiger, sich fortsetzender Prozeß, an dem ich gegenwärtig Anteil hatte. Hier war das Geschenk eines neuen 'Werkzeugs', und ich fing erst langsam an, sein ganzes Wirkvermögen zu erkennen und anzuwenden.
>
> Diese Erfahrung ist langsam zu einer lebendigen Wirklichkeit herangereift, zu einer fortgesetzten Er-

> fahrung des Transzendentalen. Ich bin nie ohne sie. Ich bin nie außerhalb dieser lebendigen Gegenwart.[175]

Bernadette Roberts beschreibt in ihrem Buch *The Experience of No-Self* (Die Erfahrung des Nicht-Selbst-Seins) ihre Erfahrung des Endes der „Heimreise".

> Der Zerfall der persönlichen Selbstheit ist nur der Anfang dieser Auflösung – dieser Heimreise –, und es gibt keinen Punkt auf der ganzen Strecke, bei dem irgend jemand sagen könnte „Jetzt bin ich Gott" – es würde keinen Sinn machen. Zur selben Zeit gibt es keinen Punkt, an dem wir nicht Teil Gottes sind, und es ist *dieser* Punkt, der klar gesehen wird, wenn sich das „Ich bin" einmal aufgelöst hat. Man entdeckt, daß dasjenige, was bleibt, bereits da war, bevor das „Ich bin" jemals in Erscheinung trat.[176]

Um jedoch nicht hieraus den Schluß zu ziehen, daß diese Mystiker, wenn ihre „immense Reise" einmal vollbracht ist, es zufrieden sind, sich aus der Welt zurückzuziehen, um die inneren Früchte ihrer Leistungen zu genießen, müssen wir nur etwas weiter Umschau halten, um auch die äußeren Früchte zu entdekken. Obwohl ein Rückzug aus der Welt manchmal für die Entwicklung des mystischen Bewußtseins notwendig sein könnte, kehrt doch die Mehrheit der mystisch Erleuchteten in die Welt zurück, mit Kraft erfüllt von einer spirituellen Energie.

Der große Historiker Arnold Toynbee schrieb in *A Study of History* über den Prozeß des Sichzurückziehens und der Rückkehr, der für viele derjenigen, die dem mystischen Weg folgen, charakteristisch ist:

> Schöpferische Persönlichkeiten, wenn sie den mystischen Pfad einschlagen, welcher ihre höchste spi-

rituelle Ebene ist ... sind dabei der Dualität des Ablaufs unterworfen, den wir ... als Rückzug und Rückkehr bezeichnen. Der Rückzug ermöglicht es der Persönlichkeit, Kräfte in sich selbst zu erkennen und zu verwirklichen, die vielleicht weiter in ihr geschlummert hätten, wenn sie nicht für die betreffende Zeit aus ihren sozialen Mühen und Beunruhigungen herausgelöst worden wäre ... aber eine Transfiguration, eine Verklärung in Einsamkeit kann kein Ziel und vielleicht sogar nicht einmal einen Sinn haben, außer als Vorspiel zu einer Rückkehr der verwandelten Persönlichkeit in das soziale Umfeld, aus dem sie ursprünglich kam. ... Die Rückkehr ist sowohl das Wesentliche des ganzen Ablaufs als auch sein Endziel.[177]

Ein Studium der mystischen Literatur zeigt, beinahe zum allgemeinen Erstaunen, wie viele der großartigen Werke der Menschheit von den mystisch Erleuchteten innerhalb der Geschichte vollbracht oder doch zumindest begonnen worden sind. Diese Leistungen finden sich nicht nur auf solchen Gebieten wie Religion, Kunst und Literatur, sondern auch in den „praktischen" Angelegenheiten der Welt. „Die großen Vereinigungsmystiker", schrieb Evelyn Underhill, „sind jeder für sich die Gründer spiritueller Familien, Zentren, aus denen neues transzendentales Leben ausstrahlt. Das 'fließende Licht der Gottheit' ist in ihnen fokussiert wie in einer Linse, nur daß es durch sie hindurchgehen kann, um sich nach allen Seiten hin auszubreiten."[178] Beispiele können kaum auch nur andeutungsweise einen Eindruck von der Menge, Tiefe und Verschiedenartigkeit ihrer Arbeit vermitteln.

Die heilige Teresa von Avila wurde, nachdem sie nach der langen 'Belagerung' des Läuterungsweges den Durchbruch in das Leben im Zustand der Vereinigung erfahren hatte, von einer inneren Stimme dazu bewegt, ein neues Leben zu beginnen, indem sie den großen religiösen Orden der Karmeliter reformierte. Die heilige Katharina von Siena kehrte nach einer dreijährigen Zeit des Sichzurückziehens als eine beherrschende Kraft in der italienischen Politik ins Leben zurück. „Die Seele, die von Liebe zu Meiner Wahrheit erfüllt ist“, sprach Gott zu der heiligen Katharina, „hört nie auf, der ganzen Welt im allgemeinen zu dienen.“[179]

Der heilige Ignatius von Loyola gründete den Jesuitenorden, der zu einer mächtigen Kraft in Europa wurde und heute als kraftvoller Einfluß im Hinblick auf soziale Gerechtigkeit, der sich nicht unterdrücken läßt, wie auch als eine Bastion ausgezeichneter, außerordentlicher Bildung bekannt ist. William James sagte über den heiligen Ignatius, daß „sein Mystizismus ihn gewißlich zu einer der mächtigsten praktischen menschlichen Triebkräfte machte, die je gelebt haben.“[180]

Ein anderer Jesuit, Teilhard de Chardin, auf den in diesem Buch viele Male Bezug genommen wurde, war ein namhafter Anthropologe, der zusätzlich zu der Abfassung religiöser und philosophischer Werke, die eine ganze Bewegung in Richtung auf eine Versöhnung von Religion und Wissenschaft angeführt haben, auch viel zu seinem Fachgebiet beitrug. Mit seinem Werk war er Vorreiter des mystischen Bewußtseins vieler seiner „Schüler im Denken“.

Das bemerkenswerte Werk von Myrtle und Charles Fillmore hat einen tiefgreifenden Einfluß auf das moderne religiöse Denken und die religiöse Praxis gehabt. Gegen große Widerstände gründeten sie die Unity-Schule des Christentums (Unity School of Christianity), die selbst ganz ausdrücklich eine mystische Lehre vertritt, wobei sie sich auf die Gemeinsamkeiten der unterschiedlichen Religionen statt auf ihre Unterschiede konzentriert. So sagte Charles Fillmore etwa: „Wir sehen das Gute in allen Religionen, und wir möchten, daß sich jeder frei fühlt, die Wahrheit für sich selbst zu finden, wohin immer er sich zu diesem Zweck geführt fühlen mag.“[181]

Wir haben bereits angemerkt, welchen Beitrag zum Frieden Anwar el-Sadat in der jüngsten Geschichte leistete. Ein anderer Mystiker, Dag Hammarskjöld, der zweite Generalsekretär der Vereinten Nationen, war für seine Leidenschaft und seine unermüdliche und hingebungsvolle Arbeit für Frieden und Gerechtigkeit auf der Welt bekannt. Sein Tagebuch, *Markings* (Wegmarken), dokumentiert seine spirituelle Reise zu einem mystischen Bewußtsein, zu dem inneren Leben, das ihm erlaubte, dort Effektives zu leisten, wo andere, weniger selbstlose Menschen es nicht vermochten. „Er [Hammarskjöld] brauchte die geteilte Verantwortung nicht, in der andere sich vor Spott zu retten suchen, weil ihm ein Glaube geschenkt war, der keine Bestätigung verlangte – ein Kontakt mit der Wirklichkeit, leicht und zugleich intensiv wie die Berührung durch eine geliebte Hand: eine Union in Selbsthingabe ohne Selbstzerstörung, bei der sein Herz klar leuchtend und sein Bewußtsein liebevoll war.“[182]

Die Geschenke der Musik, der Kunst und der Literatur, die Mystiker der Welt machten, sind hier so gut wie gar nicht dokumentiert. Die wenigen im Rahmen dieses Buches erwähnten Beispiele dienen nur dazu, eine Andeutung der Tiefe und ganzen Weite ihres Beitrags zur Erhaltung und Kultivierung von Schönheit, Heilsein und spirituellen Werten in der Welt zu geben. Künstler, die wirkliche Mystiker sind, sind wahrhaftig „Botschafter Gottes“.

Obwohl es kontemplative Menschen gibt, deren unschätzbarer Beitrag der Menschheit gegenüber primär in Gebet und Devotion besteht, führt der mystische Weg doch meistens in die Welt zurück. Aber es ist eine Welt, die in den Augen der Mystiker eine erneuerte ist, eine Welt, die neu gemacht ist durch das Licht einer transzendenten Realität, die ihren Weg erleuchtet und gerade macht. Die Worte von J. C. Gowan drängen uns, die Pigerfahrt zu beginnen. „Es gibt ein El Dorado; die Landkarte ist skizziert, der Weg geht durch die inneren Gebiete der schlummernden Kräfte des menschlichen Bewußtseins; und da wir wissen, daß es existiert, und im Besitz der Karte und der Straße sind, geziemt es uns allen, aufzubrechen und uns auf die immense Reise zu begeben.“

Kapitel 9

Wo werde ich dich finden?

Die Welt als verwandelte Welt

Herr, wo werde ich Dich finden?
Hoch oben und verborgen an Deinem Ort;
Und wo werde ich Dich nicht finden?
Die Welt ist voll von Deiner Herrlichkeit.
Ich habe Deine Nähe gesucht;
Mit meinem ganzen Herzen habe ich Dich gerufen.
Und indem ich ausging, um Dir zu begegnen,
Fand ich Dich mir entgegenkommen.

– Judah Halevi

Laß viele Fenster in deiner Seele sein,
Damit der ganze Glanz des Universums
Sie verschönern kann. Nicht der enge Rahmen
Eines einzelnen armseligen Glaubensbekenntnisses
kann die herrlichen Strahlen einfangen,
Die aus unzähligen Quellen hervorleuchten. Reiße
Die Scheuklappen der Voreingenommenheit
herunter; laß das Licht
Durch hübsche Fenster einströmen, weit wie die
Wahrheit selbst
Und hoch wie der Himmel.

– Ralph Waldo Trine

„Fasse Mut, denn die Menschheit ist göttlich“, schrieb Pythagoras, der griechische Philosoph aus dem sechsten vorchristlichen Jahrhundert.

Wir könnten uns nun durch das Datum dieser Aussage entmutigen lassen und uns fragen, warum, wenn das, was er sagt, stimmt, wir dann dieser Erkenntnis so weit hinterherhängen, warum wir immer noch Kriege, Grausamkeiten und Ungerechtigkeit auf der Welt haben. Die Antwort auf diese Frage könnte vielleicht lauten, daß unsere kollektive menschliche Reise zur Selbsterkenntnis und Selbstverwirklichung individuell durchgeführt wird, von jedem einzelnen, einer nach dem anderen. Als „Verlorene Söhne der Perversität“ reisen wir allein nach Hause zurück, wobei wir uns, wie Edgar Cayce es formulierte, nur auf den Arm von jemandem stützen können, dem wir geholfen haben.

Die Gnade der mystischen Begegnung, sei sie nun selbst erfahren oder haben wir auch nur darüber gelesen, gibt uns einen Vorgeschmack (oder vielleicht zutreffender ausgedrückt, eine Erinnerung) dieses göttlichen Lebens, welches unser angeborenes Recht als Söhne und Töchter eines göttlichen Schöpfers ist. Die Bedeutung des „heiligen Augenblicks“ für jene Individuen, die diese Gnade erfahren, ist unleugbar. Sie stellt ein Vorzeichen von großer Tragweite für unser aller Zukunft dar. In seinem Buch *Human Destiny* (Die Bestimmung des Menschen) stellt Lecomte du Noüy die These auf, daß die Evolution für die Menschheit noch nicht abgeschlossen sei. Mystiker, so glaubte er, sind Übergangserscheinungen, Vorboten unseres göttlichen Potentials.

Der prominente Psychologe Abraham Maslow, beunruhigt durch den Trend der Psychologie, die Menschheit nach ihren pathologischen Erscheinungen zu definieren, erstellte eine Studie von geistig und emotionell gesunden Menschen. Nachdem er diese Gruppe, die er selbst-aktualisiert nannte, und die Eigenschaften und Werte, die sie an den Tag legen, identifiziert hatte (B-Werte bzw. Seinswerte – „B“ von engl. *being* – werden von

Maslow in dem Buch *Toward a Psychology of Being* beschrieben), entdeckte Maslow auch, daß diese Menschen in der Regel eine hohe Quote an solchen Erlebnissen hatten, die er als „Gipfelerfahrungen“ bezeichnete (säkularisierte religiöse, mystische oder transzendentale Erfahrungen). Maslow behauptet, daß Menschen mit einer Gipfelerfahrung diese Erlebnisse als Werte an sich empfinden, als Erfahrungen, die in sich gültige Werte darstellen, ja daß diese Erlebnisse tatsächlich „*so* wertvoll sind, daß sich das Leben allein schon durch ihr gelegentliches Auftreten lohnt“[183]. Das ist es auch, was Sisirkumar Ghose glaubt, der *Mystics as a Force for Change* schrieb (Mystiker als eine Kraft, die Veränderung bewirken kann). Er schrieb: „Es gibt in der Tat kein anderes Lebensziel oder keine Theorie des Lebens, die dem menschlichen Leben eine solche Würde verleihen wie das mystische Lebensziel und die mystische Lebensauffassung. ... Vielleicht der größte Wert der ... Doktrin ist, daß sie dem Leben einen Sinn zurückgibt, den Sinn des Ganzen.“[184] Rufus Jones, der große Quäker-Mystiker (obwohl es schon beinahe eine überflüssige Wiederholung ist, Quäker-Mystiker zu sagen), brachte denselben Gedanken zum Ausdruck. „In diesen höchsten mystischen Augenblicken des Kontakts mit der realen Gegenwart Gottes gibt es ein Gespür dafür, am Ziel des Lebens angekommen zu sein.“[185]

Maslow fand aufgrund seiner umfassenden Studie auch heraus, daß „die Welt, die in den Gipfelerfahrungen gesehen wird, nur als schön, gut, wünschenswert, lohnend etc. gesehen und nie als schlecht oder nicht wünschenswert erfahren wird“[186]. Die Reaktion auf diese erfahrene Welt ist Ehrfurcht, Staunen, Überraschung, Demut und sogar Anbetung, euphorische Begeisterung und Frömmigkeit. Eine Untersuchung mystischer Literatur fördert genau das zutage, was Maslow in seinen psychologischen Studien herausfand. Die folgende Aussage, ein Zitat von einem Universitätsprofessor, der eine ausgedehnte und intensive mystische Erfahrung hatte, zeugt deutlich davon, welche Bedeutung diese für sein Leben hatte.

> Ich hatte das Privileg, daß ich kurz und unvollständig einen Aspekt der tieferen Wirklichkeit erfahren konnte. Wie ein Reisender, der erst eine Stunde in einem fremden Land verbracht hat, konnte ich nur sehr wenig davon beschreiben. Und doch weiß ich, absolut und mit letzter Gültigkeit, daß diese Wirklichkeit hinter dem materiellen Universum, das wir mit unseren Sinnen wahrnehmen, existiert; daß der Mensch potentiell die Kraft hat, diese Wirklichkeit wahrzunehmen; daß in dieser Wirklichkeit eine Quelle der Liebe und Güte ist, welche der Mensch potentiell zu berühren imstande ist und aus der er schöpfen kann; und daß das Ausmaß, bis zu dem ein Mensch diese in ihm angelegten Möglichkeiten verwirklicht, die wichtigste Tatsache im Hinblick auf sein gesamtes Leben ist.[187]

J. Trevor, den wir schon früher zitiert haben, bezeugt ebenfalls den nachhaltigen Einfluß, den mystische Erleuchtungen auf sein Leben hatten.

> Ich habe den Wert dieser Augenblicke ernsthaft in Frage gestellt. ... Aber ich stelle fest, daß sie sich nach jedem Hinterfragen und jeder Überprüfung heute im nachhinein als die wirklichsten Erfahrungen meines Lebens herausgestellt haben und als Erfahrungen, die alle früheren Erfahrungen und alles frühere Wachstum erklärt, gerechtfertigt und in sich vereint haben. In der Tat zeigen sich ihre Realität und ihre weitreichende Bedeutung auch jetzt noch immer klarer und deutlicher. Wenn sie kamen, lebte ich das erfüllteste, stärkste, gesündeste, tiefste Leben. Ich suchte sie nicht. Wonach ich suchte, und zwar mit resoluter

> Entschlossenheit, war, mein eigenes Leben intensiver zu leben, als ein Leben gegen das, was, wie ich wußte, das ablehnende Urteil der Welt sein würde. Die „wirkliche Gegenwart" kam stets in den realsten, den bewußtesten Zeiten, und ich war mir dann bewußt, daß ich in den unendlichen Ozean Gottes eingetaucht war.[188]

Die Tatsache der mystischen Erfahrung und all das, was sie für den Sinn des Lebens bedeutet, hat jedoch eine Tragweite, die weit über das Individuum allein hinausreicht. Die mystischen Offenbarungen enthalten gewichtige Implikationen für die Gesellschaft und für die Werte, die die Gesellschaft im Leben der einzelnen und in ihrem gemeinschaftlichen Leben zum Ausdruck zu bringen suchen sollte. Die Evolution hat die Menschheit bis an den Rand eines Abgrunds gebracht, der den Blick sowohl auf einen bodenlosen Schlund als auch nach oben auf den Himmel freigibt. Der „Schlund" enthält Abfall aus der westlichen Welt und die Tragödie des Hungers aus dem Osten und Süden. Der „Himmel" enthält eine neue Welt, in der die gesamte Menschheit die Solidarität und den Gemeinschaftsgeist von Würde, Respekt und Liebe für sich in Anspruch nimmt. Die Offenbarungen der Mystiker verweisen uns nach oben.

Sri Aurobindo, ein Mystiker und einer der profundesten Denker der modernen Welt, Begründer der verehrten spirituellen Gemeinschaft in Pondicherry, Indien, gibt im folgenden Abschnitt eine aufrüttelnde Einschätzung des sozialen und moralischen Dilemmas, in dem wir uns befinden.

> Gegenwärtig macht die Menschheit eine evolutionäre Krise durch, in der eine Entscheidung im Hinblick auf ihr Schicksal verborgen liegt, denn es ist ein Stadium erreicht worden, in dem das menschliche Bewußtsein in bestimmten Richtungen eine enorme

> Entwicklung erreicht hat, während es in anderen zum Stillstand gekommen, blockiert und verwirrt ist und seinen Weg nicht mehr finden kann. ... Der Mensch hat ein System der Zivilisation geschaffen, das zu groß für sein begrenztes geistiges Aufnahmevermögen und für sein Verständnis und seine noch begrenztere spirituelle und moralische Fähigkeit ist, als daß er es benutzen und souverän handhaben könnte, ein zu gefährlicher Diener seines blind umhertappenden Egos und seiner Gelüste.[189]

Aber Aurobindo läßt uns nicht über dem Abgrund hängen. Er findet Hoffnung, und die Hoffnung entspringt der Weisheit der Mystiker – „Ein Leben der Einheit, des Miteinanders und der Harmonie, geboren aus einer tieferen und weiteren Wahrheit unseres Seins."[190]

Es ist faszinierend, wie die Vorsehung zur gleichen Zeit in verschiedenen Gebieten der Welt große spirituelle Führer hervorbringt. Teilhard de Chardin, dessen Lebensspanne parallel zu der von Sri Aurobindo verlief, zeigte in manchem auch Parallelen zu dessen Denken. In *Wie ich glaube* schrieb Teilhard die folgenden Worte:

> Die Zeit ist ganz nahe, zu der die Menschheit sehen wird, daß sie präzise aufgrund ihrer Stellung in einer kosmischen Evolution, die zu entdecken und zu kritisieren sie fähig geworden ist, jetzt biologisch zwischen den Alternativen von Selbstmord und Gottesdienst steht.[191]

Und in *Das göttliche Milieu* schrieb Teilhard:

> Die Menschheit hat geschlafen – sie schläft immer noch –, eingekerkert in den engstirnigen Freuden ih-

> rer kleinen, engen Lieben. Eine gewaltige spirituelle Kraft schlummert in den Tiefen von uns als Masse, die sich nur dann manifestieren wird, wenn wir es gelernt haben, die Schranken unserer Egoismen niederzureißen und uns, durch eine fundamentale Neueinstellung unserer Weltsicht, zu der gewohnheitsmäßigen und praktischen Vision unverseller Realitäten erheben.[192]

Damit wir die größere Vision der Welt, von der die Mystiker sprechen, erkennen können, müssen wir die Scheuklappen ablegen, die unser Sehvermögen einschränken, die Scheuklappen klar abgesteckter Eigeninteressen und engstirniger Dogmen. Die klarste und deutlichste Offenbarung, die uns die mystische Erfahrung enthüllt, ist, daß wir alle eins sind, individuelle Manifestationen eines einzigen Geistes. Goldsmith stellt die Frage nach der letztgültigen Bedeutung dieser Realität. „In der materialistischen Lebensweise", schrieb er, „ist es menschlich gesehen ganz normal, daß wir stolz darauf sind, Amerikaner, Kanadier, Engländer, Deutsche zu sein – oder was immer unsere Nationalität sein mag. Aber was passiert mit diesem draufgängerischen Materialismus, wenn wir unser Selbst entdecken, wenn wir entdekken, daß wir alle Brüder und Schwestern sind, egal welche Flagge über uns weht, welche Farbe unsere Haut hat oder zu welcher Kirche wir gehören?"[193]

Ein Protestant, ein einfacher Mann aus dem siebzehnten Jahrhundert, Hemme Hayen, hatte eine mystische Erleuchtung, die mehrere Tage lang anhielt. Unter anderem wurde ihm „ein kleiner Teil der neuen Erde" gezeigt. Wie es so viele andere Mystiker auch tun, sagte Hayen, daß er jetzt spirituelle Lehren zum ersten Mal verstehe. Zu einem bestimmten Zeitpunkt, nachdem er die Kapitel 55 bis 61 des Buches Jesaja gelesen hatte, behauptete er: „Dann begriff ich alles gemäß dem inneren Grund und sah sehr klar, wie der Geist Gottes spricht. ... In der Tat wurde das, was ich las, in meinem Herzen unmittelbar deutlich und leuchtend ..." Eine Sache, die Hayen sehr deutlich wurde, war „wie eine Person zu Gott gelangen kann und daß dies nicht von der Sekte bzw. der jeweiligen Glaubensrichtung abhängt, sondern einzig und allein davon, daß man Gott mit seinem ganzen Herzen sucht."[194]

Margaret Isherwood tritt, indem sie von den Religionen der Menschheit spricht, für eine ökumenischere Sichtweise ein.

> Es sind viele [Religionen], sie sind unvollkommen, aber auch sie sind keine „Inseln", die in sich selbst vollkommen wären. Unter der Oberfläche, nach Absicht und Zielsetzung, sind sie eins, da ihr tiefes gemeinsames Ziel das geeinte Wissen um Gott ist. Und wenn es stimmt, daß „Gott sich zu keiner Zeit ohne einen Zeugen gelassen hat", dann kann es nicht zugleich auch wahr sein, daß Er sich einem einzigen Volk nur zu einer Zeit offenbart hat und einzig und allein einer Kirche eine Formel zur Erlösung gegeben hat. ...
>
> Eine alte vedische Hymne sagt mit tiefer Weisheit: „Wie unterschiedliche Flüsse, die ihre Quellen an unterschiedlichen Orten haben, ihre Wasser im Meer vermischen, so, o Herr, führen auch all die unterschiedlichen Wege, die Menschen durch unterschiedliche Neigungen verfolgen, mögen sie auch verschiedenartig erscheinen, krumm oder gerade, alle zu Dir."[195]

Arnold Toynbee bekannte sich in *Christianity Among the Religions of the World* zu ähnlichen Ideen:

> Wenn Gott die Menschheit liebt, dann würde er uns wohl eine Offenbarung als einem Volk unter ande-

> ren Völkern gemacht haben. ... Es würde auch unwahrscheinlich erscheinen, daß er nicht ebenso anderen Völkern andere Offenbarungen gemacht haben sollte. Und es würde unwahrscheinlich erscheinen, daß er seine Offenbarung nicht in verschiedenen Formen erteilt haben sollte, mit unterschiedlichen Facetten und in unterschiedlich ausgeprägten Graden, je nach dem Unterschied in der Natur der individuellen Seelen und in der Natur der örtlichen Kulturtradition. Ich würde sagen, daß diese Ansicht eine natürliche Schlußfolgerung aus der christlichen Auffassung ist, daß Gott Liebe ist.[196]

Es ist gewiß verständlich, daß Religionen in ihren Ausdrucksformen, Traditionen und Ritualen sehr verschieden sind. Sie haben sich zu unterschiedlichen Zeiten, unter sich unterscheidenen Völkern und Kulturen und in den Sprachen dieser Kulturen entwickelt. Ob es die Sprache ist, die verantwortlich für die Entwicklung kultureller Unterschiede ist, oder ob Unterschiede in den Kulturen verantwortlich für die Entstehung der Sprachen sind, wird immer noch von den Semantikern diskutiert. Gewiß ist jedoch, daß sie aufeinander wechselseitig Einfluß ausüben, und vieles spricht dafür, daß Sprache tatsächlich Denkschemata bestimmen kann. Daher und weil Wahrheiten, die in verschiedenen Religionen offenbart wurden, jeweils innerhalb einer lebendigen Sprache und Kultur interpretiert wurden, die sich von anderen unterschieden, ist es nur natürlich, daß sie einige nur ihnen eigene Charakteristika und Bedeutungen annehmen mußten. Ein besseres Verständnis und soziale Harmonie können erreicht werden, wenn wir uns des Einflusses von Sprache und Kultur stärker bewußt werden und die Einheit erkennen, die unterschiedlichen Offenbarungen zugrundeliegt.

Wenn auch selbst Protestantin, ist Evelyn Underhill durch ihre umfassenden Studien der Mystik zu der folgenden Schlußfolgerung gelangt. „Versuche, ... die mystische Wahrheit – die unmittelbare Wahrnehmung der göttlichen Substanz – durch die Formeln irgendeiner einzelnen Religion zu begrenzen, sind so unnütz wie der Versuch, ein kostbares Metall mit der Gußform gleichzusetzen, die es in gängige Währung konvertiert. ... Aber das Gold, aus dem dieses unterschiedliche Münzmaterial geschlagen wird, ist stets dasselbe kostbare Metall: stets dieselbe selige Vision einer Güte, Wahrheit und Schönheit, welche *eins* ist.“ [197]

Eine Wertschätzung der „Einheit in der Vielfalt“ im Hinblick auf die Religion wie auch auf andere Bereiche der Kultur ist gewöhnlich die Einstellung des Mystikers und erleuchteter Menschen im allgemeinen. Der Drang, andere nicht ändern, sondern sie verstehen zu wollen, ist das Kennzeichen der Person, die sich Harmonie und konstruktive Zusammenarbeit ersehnt.

> Es gibt viele Wege, die zum Gipfel ein und desselben Berges führen; ihre Unterschiede werden um so deutlicher hervortreten, je niedriger wir uns befinden, aber sie verschwinden an der Spitze; ein jeder wird naturgemäß denjenigen einschlagen, der von dem Punkt ausgeht, an dem er sich befindet; derjenige, der um den Berg herumgeht und nach einem anderen Ausschau hält, steigt nicht auf den Berg. Laßt uns nie an einen Andersgläubigen herantreten und ihn bitten, „einer von uns“ zu werden, sondern nähern wir uns ihm mit Respekt als einem, der bereits „einer der Seinen“ ist.[198]

Wenn wir diesen ökumenischen Standpunkt einnehmen, erlauben wir uns, an spirituellem Verständnis über die engen Grenzen der Dogmen, in die wir hineingeboren wurden, hinauszuwachsen, denn die Lehren der großen Religionen schließen sich nicht gegenseitig aus. „Die Sendungen der höheren Religionen“, schrieb Toynbee, „stehen nicht miteinander im Wettbewerb; sie ergänzen sich. Wir können an unsere eigene Religion glauben, ohne das Gefühl haben zu müssen, sie sei die einzige Fundgrube der Wahrheit. Wir können sie lieben, ohne das Gefühl haben zu müssen, sie sei das einzige Erlösungsmittel.“[199]

Die Offenbarungen der Mystiker haben einen Kern an offenbarter Erfahrung, an spirituellen Wahrheiten zur Verfügung gestellt, der eine Informationsquelle für alle größeren Religionen ist. Wie Maslow geschrieben hat:

> Der allererste Anfang, das immanente Zentrum, die Essenz, der universelle Kern jeder bekannten Hochreligion ... ist die private, einsame, persönliche Erleuchtung, Offenbarung oder Ekstase irgendeines hochgradig sensitiven Propheten oder Sehers gewesen. Die Hochreligionen nennen sich selbst Offenbarungsreligionen, und jede von ihnen neigt dazu, ihre Gültigkeit, ihre Funktion und ihr Existenzrecht auf die Kodifizierung und die Übermittlung dieser ursprünglichen mystischen Erfahrung oder Offenbarung von seiten des einsamen Propheten an die Masse menschlicher Wesen im allgemeinen zu stützen.[200]

Maslow hat das Gefühl, daß diese zentrale religiöse Erfahrung „der Begegnungsort nicht nur ... für Christen und Juden und Mohammedaner“, sondern für alle Menschen unterschiedlichsten Hintergrunds sein könnte.

Durch alle Schriften derjenigen, die eine religiöse Führungsrolle spielen und zugleich Mystiker sind, zieht sich wie ein roter Faden das gemeinsame Streben nach Toleranz und Verständigung zwischen den Glaubensauffassungen. Abraham Isaac Kook, der verstorbene Oberrabbiner von Israel, war in seiner Forderung nach einer universellen Blickrichtung unter den Nationen von großer Beredtsamkeit.

Ein Mensch muß sich aus dem Eingegrenztsein in seinen privaten Sorgen befreien. Dieses durchdringt sein gesamtes Sein, so daß all seine Gedanken sich nur auf sein eigenes Schicksal konzentrieren. Es reduziert ihn zur schlimmsten Art von Kleinheit und bringt endlose körperliche und geistige Qual über ihn. Es ist notwendig, das Denken und den Willen eines Menschen und seine grundlegenden Anliegen in Richtung auf Universalität hin anzuheben, hin zu einem Miteinschließen aller, der ganzen Welt, des Menschen, des jüdischen Volkes, alles Existierenden ...

Je gefestigter die Vision eines Menschen, die er von der Universalität hat, desto größer die Freude, die er erfahren wird, und umso mehr wird er die Gnade göttlicher Erleuchtung verdienen. Die Realität von Gottes Vorsehung ist deutlich wahrnehmbar, wenn die Welt in ihrer Totalität gesehen wird.[201]

Rabbi Kook sah eine Untergliederung der Menschen in drei Typen: einen, „der das Lied seines Volkes singt", einen, „dessen Geist sich über die Landesgrenze Israels hinaus erstreckt, um das Lied des Menschen zu singen" und „einen, der sogar noch höher aufsteigt, indem er sich selbst mit der gesamten Existenz vereinigt, mit allen Geschöpfen, mit allen Welten. Mit ihnen allen singt er sein Lied."[202]

Teilhard de Chardin schrieb ebenfalls beredt von der Bewegung der Menschheit in Richtung auf eine größere Einswerdung in allen Bereichen des Lebens, einschließlich der Religion. „Teilhard verglich die verschiedenen Religionen mit 'lebenden Ästen', die sich an einem Hauptstamm entwickeln. Er verglich sie auch mit 'Flüssen', die in einen Strom einmünden, oder mit 'Strömungen' innerhalb des einen großen Flusses der Menschheit. Zur Zeit verfolgen diese 'Strömungen' immer noch gegenläufige Interessen, aber aus einer bestimmten Perspektive erscheint es absehbar, daß sie 'allmählich zusammenfließen'."[203]

Der Ruf von Harry Emerson Fosdick übertraf bei weitem seine Rolle als Geistlicher der Riverside Church in New York City. Seine Schriften waren in der ganzen Welt wohlbekannt, und er war führend auf dem Gebiet des christlichen Denkens. Auch er war ein Mystiker, und der folgende Abschnitt verdeutlicht beispielhaft die Universalität seines Denkens.

> Alle Systeme der Theologie sind so vergänglich wie die Kulturen, nach denen sie entworfen sind. ...
>
> Alle diese theologischen Systeme und alle anderen, die ihnen nachfolgen werden, sind partielle, versuchsweise, zeitgemäße Formulierungen bedeutsamer Dinge. Die besten Einsichten in ihnen allen herauszugreifen, die Unvollständigkeit und das Falsche in ihnen allen zu sehen, keiner von ihnen als einem in sich abgeschlossenen Ganzen völlig zu vertrauen, immer zu sehen, daß „das", was erklärt werden soll, unendlich größer ist als unser zaghafter, konditionierter Erklärungsversuch – das erscheint mir als Weisheit. ...
>
> Ich habe selbst viele Erfahrungen gehabt und habe sie bei anderen gesehen, die, nicht erklärbar durch irgendein System des Materialismus, nur die grundlegenden Glaubensannahmen der Religion (so scheint mir) sinnvoll erklären können.[204]

Warum, so könnten wir fragen, sind wir, wenn wir derartig erleuchtete religiöse Führungspersönlichkeiten besitzen, immer noch weit von dem Ideal einer „Einheit in Vielfalt" entfernt und von der Zusammenarbeit zwischen den verschiedenen Religionen und Nationen, die sie bewirken würde: einer Zusammenarbeit, die unseren Planeten zum Blühen bringen könnte, wenn wir unsere Waffen beiseite legen und die betreffenden Ressourcen nutzen, um unsere sozialen und ökonomischen Bedürfnisse zu befriedigen, sowohl lokaler als auch globaler Art? Erstens ist unbestreitbar, daß nach Rabbi Kooks Klassifikation viele Männer und Frauen, viele religiöse und politische Wortführer immer noch zu Typ eins gehören: zu denjenigen, die das Lied ihres eigenen Volkes singen. Zweitens hat die Menschheit im Namen des Fortschritts eine neue Religion geschaffen – die Wissenschaft –, und wir huldigen ihrem Kind – dem Materialismus. Die Wissenschaft ist selbstverständlich äußerst wichtig, und ihre Verdienste sollten nicht in Abrede gestellt werden. Dadurch jedoch, daß wir sie in unserem Wertesystem an die erste Stelle setzen, über moralische und spirituelle Werte, wird sie zu einer geistlosen Maschine mit einer Zielgerichtetheit, die von Menschen unabhängig ist; sie läßt Mittel und Zwecke außer acht und speit unablässig Technologie hervor, die letzten Endes diejenigen zerstören kann, denen sie eigentlich dienen sollte. – Andrew Greely beschäftigte sich in Gedanken ganz besonders mit dieser Frage, als er das Folgende schrieb:

> Die große Häresie der zeitgenössischen westlichen Welt besteht darin, daß die einzige Art von Wissen, die ernst genommen werden soll und auf die man vertrauen soll, ein diskursives, kognitives Wissen ist, dasjenige, was durch den praktischen oder technischen Verstand des Menschen erlangt wird. Hand in Hand damit gehen die Versicherungen, daß die einzige Art von Wahrheit diejenige sei, die empirisch verifiziert werden könne, und die einzige Art von Sprache, die sich für die menschliche Kommunikation eigne, die einer logisch bewiesenen und für gültig erklärten Prosa. Mit anderen Worten, dieses Wissen und diese Sprache, die für den Diskurs in den empirischen Wissenschaften angemessen sind, sei-

> en die einzigen, die es wirklich wert seien, im Menschen entwickelt zu werden, weil sie die einzigen seien, die irgendeine beweisbare Gültigkeit haben könnten.[205]

Aber es gibt noch eine andere Art von Wissen – Weisheit –, und seine Wurzeln liegen in der Mystik. Es sagt: „Habe Hoffnung, verzweifle nicht." John Hill, Mystiker, Philosoph und Autor des Buches *The Enlightened Society* (Die erleuchtete Gesellschaft), glaubt dies:

> Wenn man sich korrekt ausdrücken will, muß man sagen, daß der moderne Mensch nicht krank ist in irgendeinem traditionellen Wortsinn. Statt dessen ist sein Kranksein vielmehr eher etwas Entwicklungsmäßiges als etwas Regressives; es ist mehr einem „wachsenden Schmerz" verwandt als einem degenerativen Leiden. ...
>
> Im wesentlichen leidet der moderne Mensch – psycho-spirituell gesprochen – darunter, sich in einem „Zwischenstadium" zu befinden. ...
>
> Es ist von wesentlicher Bedeutung, daß das Konzept des *Fortschritts* neu gefaßt wird. ... Statt es an einem technologischen oder finanziellen Fortschritt auszurichten, muß der moderne Mensch beginnen, sein Leben um eine psycho-spirituelle Sichtweise des Fortschritts herum zu orientieren. Das Leben sollte nicht nur dazu gelebt werden, Geld anzusammeln, sondern dazu, Weisheit anzusammeln; nicht dazu, ein Depot an der Börse anzulegen, sondern dazu, daß man sich selbst entwickelt. Liebe und Humor, nicht Verzweiflung und Zynismus, sollten sein Leben kennzeichnen.[206]

Und in der Tat gibt es trotz all der Probleme, die wir um uns herum wahrnehmen, Stellen, an denen man sich orientieren kann, wo Hoffnung und Glauben gerechtfertigt sind und sich die Liebe ihren unaufhaltsamen Lauf erwirkt. Was einen Fortschritt in Richtung auf die Verwirklichung menschlicher Einheit und menschlichen Einsseins angeht, so können wir den Fortbestand und das Wachstum der Vereinten Nationen feiern. Es ist eine Organisation, die gleichsam im Embryonalzustand das Endziel der Einheit der Menschheit widerspiegelt, geradeso wie wir Menschen 'Embryos' eines höheren Selbst sind. Es ist eine Organisation, die sich aus verschiedenen Nationen zusammensetzt, von denen viele lange Zeit Todfeinde gewesen sind, aber die Vereinten Nationen haben diesen Nationen eine gemeinsame Basis gegeben. Hochrangige Funktionäre bei den Vereinten Nationen bezeugen, daß viele Auseinandersetzungen, die zu weltweiten Konflikten hätten führen können, in den Hallen und Fluren der UN entschärft wurden. Die Vereinten Nationen stellen eine physische Manifestation einer geistigen Wirklichkeit dar, und wenngleich sie noch nicht vollkommen sind, spiegeln sie doch den spirituellen Zustand wider, der allmählich in der Menschheit vervollkommnet wird, und so entwickeln sich die beiden zusammen.

Hinter den sensationellen Schlagzeilen, die von den häufig bitteren Meinungsverschiedenheiten zwischen Nationen berichten, wenn sie in der Generalversammlung debattieren, tun die Unterorganisationen der Vereinten Nationen im stillen ihre bemerkenswerte Arbeit für die gesamte Lebensgemeinschaft – tierisch, pflanzlich und mineralisch –, für das Gesamtwohl von Mutter Erde. Sonderorganisationen, die die Probleme der Umwelt, der Gesundheit, der weltweiten Rohstoffvorkommen, der Armut, der Obdachlosigkeit und der Landwirtschaft angehen; jene, die die erforderlichen Daten zusammentragen, die auf globale Lösungen hinarbeiten und sehr notwendige Hilfestellung geben, arbeiten mit wenig Anerkennung und relativ geringen

Mitteln und bauen dabei ein Netzwerk weltweiter Gemeinschaft auf.

Es steckt auch viel Hoffnung in den Friedensbewegungen, die rund um die Welt rasch anwachsen, und in der wachsenden Zahl von Menschen, die sich aufgrund ihres individuellen Erkennens des spirituellen Einsseins, an dem wir alle Anteil haben, mit bürgerlicher Demokratie beschäftigen. Es gibt viele einzelne und Gruppen, die für die Umwelt und für den Tierschutz arbeiten. Schließlich wächst auch die Grüne Bewegung in den Vereinigten Staaten wie in Europa, wo sie in Gang gesetzt wurde. Sie vertritt im Hinblick auf Problemlösungen einen holistischen Ansatz und legt Nachdruck darauf, daß der Zustand der Umwelt, der Zustand der sozialen Gerechtigkeit und die Hoffnung auf Frieden eine scharfsinnige Abwägung von Mitteln und Zwekken in einem moralischen und spirituellen Zusammenhang erforderlich macht. „Grüne" glauben mit Teilhard: „Das Zeitalter der Nationen ist vorbei. Jetzt müssen wir, wenn wir nicht verderben wollen, unsere alten Vorurteile abschütteln und die Erde aufbauen."

Es gibt jetzt auch viele Quellen für diejenigen, die ihr Bewußtsein erweitern und spirituell wachsen möchten. Das an sich ist bereits ein Zeichen dafür, daß wir Fortschritte machen, denn, wie bereits früher herausgestellt wurde, wenn der Schüler bereit ist, dann erscheint der Meister. Eine der spirituellen Lehren, die uns heute zur Verfügung stehen, macht uns Mut.

> Der Weg ist nicht schwer, aber er ist *sehr* anders. Dein Weg ist der Weg des Schmerzes, von dem Gott nichts weiß. Dieser Weg ist in der Tat hart, und sehr einsam. Furcht und Kummer sind deine Gäste, und sie gehen mit dir und bleiben auf dem Wege bei dir. Aber die dunkelste Reise ist nicht der Weg von Gottes Sohn. Gehe im Licht und sieh nicht auf die dunk-

> len Begleiter. ... Das Große Licht umgibt dich immer und leuchtet aus dir hervor.[207]

Dieselbe Quelle behauptet, daß wir nur erwachen müssen; daß wir unser Ziel bereits erreicht haben. „Die Reise zu Gott ist bloß das Wiedererwachen des Wissens darum, wo du immer bist und was du in Ewigkeit bist. Es ist eine Reise ohne Entfernung zu einem Ziel, das sich nie geändert hat."

Der Quäker-Mystiker Rufus Jones gibt uns gute Anleitung.

> Wir haben die äußere Welt besiegt und sie in unsere Netze gelegt, aber diejenigen, die sie erforschen, sind noch nicht im Universum „zu Hause". Wir haben die Mittel zum Leben immens verbessert, aber irgendwie haben wir es versäumt zu entdecken, wie man *den Sinn und die Bedeutung des Lebens* erweitert. ... Wir müssen die „labyrinthischen Wege" unseres eigenen Selbst erforschen. Wir müssen an die Türen klopfen, die im Innern liegen. ... Wir haben unser „Auf nach Westen!" gehabt, unser „Auf nach Norden!", unser „Auf nach Süden!", ... aber jetzt brauchen wir einen weithin hallenden Aufruf: „Auf nach innen!"[208]

Wenn wir, einer nach dem anderen, kollektiv eine kritische Masse an spirituellem Bewußtsein erreichen, dann können wir einen Quantensprung in ein neues Morgen hinein tun. Dies ist schon immer der Aufruf der Mystiker gewesen.

Die Autorin

Louann Stahl studierte Schauspielunterricht und trat in lokalen Theaterproduktionen in Los Angeles auf. Nach ihrer Heirat mit Sheldon Stahl, der an der Aurora University unterrichtete, und der Geburt von zwei Töchtern beendete sie ihr Studium an der University of Missouri in Kansas City mit den Abschlüssen B.A. und M.A.

Als langjährige Mitarbeiterin der Vereinten Nationen war Louann Stahl u.a. für UNICEF tätig. Gemeinsam mit ihrem Mann Sheldon Stahl leitete sie das UN-Büro Kansas City und das dortige UNICEF-Komitee, war Mitglied des Vorstands des UNICEF-Komitees in Tulsa, Oklahoma, und Koordinatorin für das in Kansas ansässige *Center of World Community*. Daneben unterrichtete sie Literatur und kreatives Schreiben am Penn Valley Community College in Kansas City.

Louann Stahls Hauptinteresse gilt der Metaphysik, die für sie unmittelbar mit ihrer ehrenamtlichen Tätigkeit für lokale und internationale Organisationen zur Förderung der Völkerverständigung in Verbindung steht. Zur Zeit engagiert sie sich vor allem für das Werk von CROP, einer kirchlich orientierten Initiative, die sich der Bekämpfung des Hungers widmet. Sie ist Mitglied der Theosophischen Gesellschaft.

Anmerkungen

Die Anmerkungen folgen weitgehend dem englischen Text. Hinweise auf deutsche Urtexte, Übersetzungen ins Deutsche und nicht englischsprachige Quellen wurden von der Übersetzerin hinzugefügt, soweit die Zitate ermittelbar waren. Ebenso wurden einzelne Erläuterungen hinzugefügt, soweit dies einem besseren Textverständnis dienlich erschien. Übersetzungen von englischen Buchtiteln im Text – in Klammern – sind nicht als Verweise auf deutsche Übersetzungen aufzufassen, sondern verstehen sich als Lesehilfen.

[1] Unity (engl. für „Einheit" oder „Einssein"): Unity School of Christianity, Ende des 19. Jahrhunderts in den USA gegründete überkonfessionelle, undogmatische „Schule für praktisches Christentum", der sich der Autor dieses Vorworts, James Dillet Freeman, geistig verbunden fühlt (Anm. d. Ü.).

[2] Zusammen mit seiner Frau Myrtle Begründer der Unity School (Anm. d. Ü.).

[3] Julian of Norwich, *Showings,* Edmund Colledge, O.S.A. and James Walsh, S.J. (trans.), Paulist Press, New York, 1978, S. 52.

[4] Starr Daily, *You Can Find God,* Fleming H. Revell Company, Westwood, N.J., 1963, S. 15.

[5] Ebd., S. 17.

[6] Nona Coxhead, *The Relevance of Bliss,* St. Martin´s Press, New York, S. 44.

[7] Arthur Koestler, *The Invisible Writing,* Stein and Day, New York, 1984, S. 427.

[8] Ebd., S. 429 - 439.

[9] Zitiert nach: Paul Mendes-Flohr (Hrsg.), *Ecstatic Confessions,* collected and introduced by Martin Buber, Harper & Row, San Francisco, 1985, S. 81-84. – Quelle ist das sog. Schwesternbuch des Nonnenklosters Töß („Das Leben der Schwestern zu Töß"), das im 14. Jahrhundert von der Nonne Elsbeth Stagel herausgegeben wurde, die auch maßgeblich an der Autobiographie Heinrich Seuses beteiligt war. Zeitgenössische Übersetzung bieten: G. Hofmann: *Das Leben*

der sel. Elsbeth Stagel, 1966, sowie K. Grubmüller: *Die Viten der Schwestern von Töß und Elsbeth Stagel.* Überlieferung und literarische Einheit. ZfdA (=Zeitschrift für deutsches Altertum und deutsche Literatur) 98, 1969, S. 171-204.

[10] Richard Maurice Bucke, M.D., *Cosmic Consciousness,* E. P. Dutton, New York, 1901, S. 180. – Über Jakob Böhme existiert eine umfangreiche Forschungsliteratur, die hier zu zitieren zu weit führen würde.

[11] Ebd., S. 180.

[12] Ebd., S. 181.

[13] Anne Freemantle (Hrsg.), *The Protestant Mystics,* Little, Brown & Co., Boston, 1964, S. 45.

[14] Jakob Böhme, *Aurora, oder Morgenröthe im Aufgang,* Erstveröffentlichung (noch unvollendet) 1612; hier zitiert nach: William James, *The Varieties of Religious Experience* (siehe folgende Anmerkung).

[15] William James, *The Varieties of Religious Experience,* Modern Library, New York, 1936, S. 402.

[16] Bucke, S. 181.

[17] Evelyn Underhill, *Mysticism,* New American Library, New York, 1974, S. 447.

[18] Richard Maurice Bucke, M.D., *Cosmic Consciousness,* E. P. Dutton, New York, 1901, S. 77.

[19] Ebd., S. 3.

[20] Ebd., S. 9-10.

[21] F. C. Happold, *Mysticism,* Penguin Books, Middlesex, England, 1970, S. 34.

[22] Ebd., S. 133-134.

[23] Ebd., S. 134-135.

[24] Ebd., S. 135.

[25] Pierre Teilhard de Chardin, *Le Phénomène humain*, 1958, dt.: *Der*

Mensch im Kosmos; hier zitiert nach folgender Ausgabe: *The Phenomenon of Man,* Harper & Row, New York, 1965, S. 36.

[26] Ebd., S. 234.

[27] Pierre Teilhard de Chardin, *Le Milieu Divin* (Das göttliche Milieu). Hier zitiert nach folgender Ausgabe: *The Divine Milieu,* Harper & Row, New York, 1960, S. 46, Anm..

[28] Underhill, S. 445.

[29] Nona Coxhead, *The Relevance of Bliss,* Sst. Martin's Press, New York, 1985, S. 30.

[30] Ebd., S. 31.

[31] John Masefield, *So Long to Learn,* Macmillan, New York, 1952, S. 9.

[32] Ebd., S. 9.

[33] Ebd., S. 9.

[34] Vgl. Fußnoten 1 und 2.

[35] Thomas E. Witherspoon, *Myrtle Fillmore: Mother of Unity,* Unity Books, Unity Village, MO., 1977, S. 2.

[36] Aufsätze und Briefe von Myrtle Fillmore, die aus der Praxis ihrer Arbeit mit Rat- und Hilfesuchenden heraus entstanden, sind erschienen in dem Buch „How to let God help you“, das auf deutsch 1996 unter dem Titel „So läßt du dir durch Gott helfen“ im Frick Verlag, Pforzheim, erschienen ist.

[37] *The Journal of Henry David Thoreau,* Houghton Mifflin, Boston, 1906, in: Anne Freemantle (Hrsg.), *The Protestant Mystics,* Little, Brown & Co., Boston, 1964, S. 243-244.

[38] Margaret Isherwood, *The Root of the Matter,* Harper & Brothers, New York, 1954, S. 98.

[39] J. Trevor, *My Quest for God,* London, 1897, S. 268-269, in: William James, *The Varieties of Religious Experience,* Modern Library, New York, 1936, S. 388.

[40] Evelyn Underhill, *Mysticism,* New American Library, New York, 1974, S. 422.

[41]Irina Starr, *The Sound of Light,* De Vorss & Co., Marina Del Ray, Calif., 1974, S. 422.

[42]Claire Myers Owens, *Small Ecstasies,* A C S Publications, San Diego, Calif., 1983, S. 101.

[43] William E. Kaufman, *Journeys: An Introductory Guide to Jewish Mysticism,* Bloch Publishing Company, New York, 1980, S. 37.

[44] Underhill, S. 185.

[45] Ebd., S. 185-186.

[46] Emanuel Swedenborg, *Divine Love and Wisdom,* Citadel Press, New York, 1965, S. XX.

[47] Ursula King, *Towards a New Mysticism: Teilhard de Chardin and Eastern Religions,* Seabury Press, New York, 1980, S. 205.

[48] Sir Francis Younghusband, *Heart of Nature,* John Murray, Ltd., London, in: Raynor C. Johnson, *Watcher on the Hills,* Hodder and Stoughton, London, 1959, S. 85.

[49] Raynor C. Johnson, *Watcher on the Hills,* Hodder and Stoughton, London, 1959, S. 23.

[50] Ebd., S. 84-85.

[51] Nona Coxhead, *The Relevance of Bliss,* St. Martin's Press, New York, 1985, S. 43.

[52] Johnson, S. 49.

[53] King, S. 109.

[54] Johnson, S. 65-66.

[55] Brother Mandus, *This Wondrous Way of Life,* in: Johnson, S. 52-53.

[56] Bernadette Roberts, *The Experience of No-Self,* Shambhala, Boston, 1985, S. 34.

[57] Ebd., S. 30.

[58] William E. Kaufman, *Journeys: An Introductory Guide to Jewish Mysticism,* Bloch Publishing Co., New York, 1980, S. 143.

[59] J. Allen Boone, *Kinship With All Life,* Harper & Row, New York, 1954, S. 26.

[60] *Breakthrough: Meister Eckhart's Creation Spirituality in New Translation,* introduction and commentaries by Matthew Fox, O.P., Doubleday, Garden City, N.Y., 1980, S. 98.

[61] Zitiert nach Matthew Fox, Ebd., S. 98.

[62] F. C. Happold, *Mysticism,* Penguin Books, Middlesex, England, 1970, S. 17.

[63] Ken Wilber (Hrsg.), *Quantum Questions: Mystical Writings of the World's Great Physicists,* Shambhala, Boulder, Colo., 1984, S. 7.

[64] Arthur Eddington, *Science and the Unseen World,* George Allen & Unwin Ltd., London, 1929, S. 21-22.

[65] Ebd., S. 23-24.

[66] Erwin Schrödinger, „Why Not Talk Physics", Wilber, S. 81.

[67] Erwin Schrödinger, „Oneness of Mind", Wilber, S. 89.

[68] William James, *The Varieties of Religious Experience,* Modern Library, New York, 1936, S. 415.

[69] Ebd., S. 378-379.

[70] Alfred Tennyson, in a letter to Mr. B.P. Blood, in: James, S. 374-375.

[71] W. T Stace, *Mysticism and Philosophy,* Jeremy P. Tarcher, Inc., New York, 1960, S. 147.

[72] Ebd., S. 147.

[73] *The Upanishads,* Swami Prabhavananda and Frederick Manchester (trans.), Mentor Book MD 194, New American Library of World Literature, New York, 1957, S. 20, in: Stace, S. 118.

[74] Heinrich Seuse, *Das Leben Heinrich Seuses*, hier zitiert nach folgender Ausgabe: *Life of Henry Suso,* T.F. Knox (trans.), chapter 54, in: Stace, S. 113. – Neben Seuse selbst war die bereits erwähnte Tösser Schwester Elsbeth Stagel († um 1360) maßgeblich an der Entstehung der Autobiographie Seuses beteiligt.

[75] Paul Mendes-Flohr (Hrsg.), *Ecstatic Confessions,* collected and introduced by Martin Buber, Harper & Row, San Francisco, 1985, S. 2.

[76] Ebd., S. 4.

[77] *The Confessions of St. Augustine,* Edward B. Pusey, O.D. (trans.), Washington Square Press, New York, 1962, S. 37.

[78] Gemeint ist Johannes Scotus Eriugena, ein Philosoph und Mystiker *irischer* Abstammung. Auf die irische Herkunft verweist der Zuname „Scotus Eriugena"; die Autorin hat offenbar nur das Adjektiv „Scotus" übersetzt. *Scotus* allein heißt in der Tat „schottisch".

[79] Evelyn Underhill, *Mysticism,* New American Library, New York, 1974, S. 108.

[80] Bhagavan Das (Hrsg.), *The Essential Unity of All Religions,* Theosophical Publishing House, Wheaton, Ill., 1966, S. 263.

[81] Teresa von Avila: *Die innere Burg*. Hier zitiert nach folgender Ausgabe: St. Teresa of Avila, *Interior Castle,* E. Allison Peers (trans. and ed.), Doubleday, Garden City, N.Y., 1961, S. 209.

[82] Katharine Trevelyan, *Through Mine Own Eyes,* Holt, Rinehart and Winston, New York, 1962, S. 120-121.

[83] *Ecstatic Confessions,* S. 87.

[84] Zitiert nach: *Breakthrough: Meister Eckharts's Creation Spirituality in New Translation,* introduction and commentaries by Matthew Fox, O.P., Doubleday, Garden City, N.Y., 1980, S. 65.

[85] W. T. Stace, *Mysticism and Philosophy,* Jeremy P. Tarcher, Inc., Los Angeles, 1960, S. 167.

[86] Lao-Tzu, *The Way of Life,* R.B. Glakney (trans.), Mentor Books, New American Library of World Literature, New York, 1955, in: Stace, S. 168.

[87] D. T. Suzuki, *Mysticism: Christian and Buddhist,* Harper & Brothers, New York, 1927, S. 69, in: Stace, S. 169.

[88] James Dillet Freeman, *The Story of Unity,* Unity Books, Unity Village, Mo., 1978, S. 262. Die ursprüngliche Fassung dieses Buches, *The Household of Faith*, erschien deutsch unter dem Titel *Der Haushalt des Glaubens* im Frick Verlag, Pforzheim.

[89] *Meister Eckhart,* R. H. Blakney (trans.), Harper & Brothers, New York, 1941, Sermon 24, S. 211, in: Stace, S. 173.

[90] Henri de Lubac, S.J., *Teilhard de Chardin: The Man and His Meaning,* Rene Hague (trans.), New American Library, New York, 1965, S. 22.

[91] Raynor C. Johnson, *Watcher on the Hills,* Hoder and Stoughton, London, 1959, S. 23.

[92] Ebd., S. 124.

[93] Abraham Isaac Kook, *The Lights of Penitence, The Moral Principles, Lights of Holiness, Essays, Letters, and Poems,* Paulist Press, New York, 1978, S. 85.

[94] Aldous Huxley, *Grey Eminence,* Carroll & Graf, New York, 1941, S. 80.

[95] Arthur W. Osborn, *The Axis and the Rim,* Thomas Nelson & Sons, New York, 1967, S. 107.

[96] Margaret Isherwood, *The Root of the Matter,* Harper & Brothers, New York, 1954, S. 218.

[97] Charles Fillmore, *Mysteries of Genesis,* Unity Books, Unity Village, Mo., 1936, S. 39. – Von Charles Fillmore sind folgende Titel auf deutsch erhältlich: *Die zwölf Kräfte des Menschen*; *Christliches Heilen*, beide Frick Verlag, Pforzheim.

[98] Aldous Huxley, *The Perennial Philosophy,* Harper & Row, New York, 1944, S. 81.

[99] Ebd., S. 178

[100] Richard Maurice Bucke, M.D., *Cosmic Consciousness,* E. P. Dutton, New York, 1901, S. 197.

[101] Zitiert nach: *Breakthrough,* S. 233, 235.

[102] Ebd., S. 139.

[103] Ebd., S. 327.

[104] Zitiert nach: Bucke, S. 190.

[105] Zitiert nach: Anne Fremantle (Hrsg.), *The Protestant Mystics,* Little, Brown & Co., Boston, 1964, S. 48.

[106] Emanuel Swedenborg, *Angelic Wisdom Concerning Divine Love and Wisdom,* Citadel Press, New York, 1965, S. 70.

[107] Huxley, *The Perennial Philosophy,* S. 181-182.

[108] Charles Fillmore, *The Twelve Powers of Man,* Unity Books, Unity Village, Mo., 1930; hier zitiert nach der dt. Ausgabe: Die zwölf Kräfte des Menschen, Frick Verlag, Pforzheim, 1985, S. 9.

[109] Thomas E. Witherspoon, *Myrtle Fillmore: Mother of Unity,* Unity Books, Unity Village, Mo., 1977, S. 285.

[110] Huxley, *The Perennial Philosophy,* S. 229.

[111] Starr Daily, *You Can Find God,* Fleming H. Revell Company, Westwood, N.J., 1963, S. 72, 71.

[112] Jae Jah Noh, *Do You See What I See?,* Theosophical Publishing House, Wheaton, Ill., 1977, S. 32.

[113] Bucke, S. 10.

[114] Happold, S. 135.

[115] Nona Coxhead, *The Relevance of Bliss,* St. Martin's Press, New York, 1985, S. 35.

[116] Evelyn Underhill, *Practical Mysticism,* E. P. Dutton, New York, 1948, S. ix.

[117] Etty Hillesum, *An Interrupted Life: The Diaries of Etty Hillesum,* Washington Square Press, New York, 1981, S. 253, 247.

[118] Paul Mendes-Flohr (Hrsg.), *Ecstatic Confessions,* collected and introduced by Martin Buber, Harper & Row, San Francisco, 1985, S. 122.

[119] Arthur W. Osborn, *The Expansion of Awareness,* Theosophical Publishing House, Wheaton, Ill., 1967, S. 244.

[120] Zitiert nach: *Breakthrough: Meister Eckharts's Creation Spirituality in New Translation,* introduction and commentaries by Matthew Fox, O.P., Doubleday, Garden City, N.Y., 1980, S. 104.

[121] Erwin Schrödinger, „The Mystic Vision", *Quantum Questions: Mystical Writings of the World's Great Physicists,* Ken Wilber (Hrsg.), Shambhala, Boulder, Colo., 1984, S. 97.

[122] Lawrence LeShan, *The Medium, the Mystic, and the Physicist,* Viking, New York, 1966, S. 70.

[123] Ebd., S. 66.

[124] Honoré de Balzac, *Seraphita*. Hier zitiert nach folgenderAusgabe: *Seraphita: A Daughter of Eve,* Gebbie Publishing Co., Philadelphia, 1899, S. 141.

[125]Johannes Anker-Larsen, *With the Door Open,* Erwin and Pleasaunce von Gaisberg (trans.), Macmillan, London, 1931, in: Anne Fremantle (Hrsg.), *The Protestant Mystics,* Little, Brown & Co., Boston, 1964, S. 311-312.

[126] Loran Hurnscot, *A Prison, A Paradise,* Viking, New York, 1958, in: Anne Fremantle, S. 367-368.

[127] Katharine Trevelyan, *Through Mine Own Eyes,* Holt, Rinehart and Winston, New York, 1962, S. 121.

[128] Ebd., S. 219-220.

[129] *Ecstatic Confessions,* S. 38.

[130] Balzac, S. 18-19.

[131] Pierre Teilhard de Chardin, *Der Mensch im Kosmos,* hier zitiert nach folgender Ausgabe: *The Phenomenon of Man,* Harper & Row, New York, 1959, S. 234.

[132] Aldous Huxley, *The Perennial Philosophy,* Harper & Row, New York, 1944, S. 211.

[133] Aldous Huxley, *Vedanta for the Western World,* Marcel Rodd Co., Hollywood, Calif., 1946, in: Margaret Isherwood, *The Root of the Matter,* Harper & Brothers, New York, 1954, S. 226.

[134] Raynor C. Johnson, *Watcher on the Hills,* Hodder and Stoughton, London, 1959, S. 127.

[135] F. C. Happold, *Mysticism,* Penguin Books, Middlesex, England, 1970, S. 21.

[136] Joel S. Goldsmith, *A Parenthesis in Eternity,* Harper & Row, New York, 1963, S. 169.

[137] Ebd., S. 179.

[138] Arthur W. Osborn, *The Axis and the Rim,* Thomas Nelson & Sons, New York, 1967, S. 107.

[139] Goldsmith, S. 98.

[140] Andrew M. Greeley, *Ecstasy: A Way of Knowing,* Prentice-Hall, Englewood Cliffs, N.J., 1974, S. 66.

[141] Margaret Prescott Montague, *Twenty Minutes of Reality,* E.P. Dutton, New York, 1917, in: Anne Freemantle (Hrsg.), *The Protestant Mystics,* Little, Brown & Co., Boston, 1964, S. 320.

[142] Ebd., S. 320-321.

[143] Evelyn Underhill, *Mysticism,* New American Library, New York, 1974, S. 76-77.

[144] Arthur M. Abell, *Talks With Great Composers,* Psychic Book Club, London, 1955, S. 6-7

[145] Ebd., S. 5-6.

[146] Johnson, S. 111.

[147] Ebd., S. 112.

[148] Happold, S. 137-138

[149] Agnes Arber, *The Manifold and the One,* Theosophical Publishing House, Wheaton, Ill., 1967, S. 15-16.

[150] Johnson, S. 47-48.

[151] Anwar el-Sadat: *In Search of Identity: An Autobiography,* Harper & Row, New York, 1977, S. 73.

[152] Ebd., S. 76-77.

[153] Ebd., S. 85-87.

[154] Paramahansa Yogananda, *Autobiography of a Yogi,* Self-Realization Fellowship, Los Angeles, 1975, S. 125.

[155] Ebd., S. 166-167.

[156] Ebd., S. 168.

[157] Zitiert nach: *Breakthrough: Meister Eckhart's Creation Spirituality in New Translation,* introduction and commentaries by Matthew Fox, O.P., Doubleday, Garden City, N.Y., 1980, S. 101.

[158] Goldsmith, S. 41-42.

[159] Joel S. Goldsmith, *A Parenthesis in Eternity,* Harper & Row, New York, 1963, S. 29.

[160] Nona Coxhead, *The Relevance of Bliss,* St. Martin's Press, New York, 1985, S. 63-64.

[161] Goldsmith, S. 42.

[162] Ebd., S. 53.

[163] Ebd., S. 354-355.

[164] Aldous Huxley, *The Perennial Philosophy,* Harper & Row, New York, 1944, S. 106.

[165] Anwar el-Sadat, *In Search of Identity: An Autobiography,* Harper & Row, New York, 1977, S. 84-85.

[166] Evelyn Underhill, *Mysticism,* New American Library, New York, 1974, S. 233, 234.

[167] Ebd., S. 383.

[168] Ebd., S. 396.

[169] Raynor C. Johnson, *Watcher on the Hills,* Hodder and Stoughton, London, 1959, S. 119.

[170] Underhill, S. 402

[171] Ebd., S. 421.

[172] Ebd., S. 420.

[173] Ebd., S. 424

[174] Ursula King, *Towards a New Mysticism,* Seabury Press, New York, 1980, S. 101.

[175] Jae Jah Noh, *Do You See What I See?,* Theosophical Publishing House, Wheaton, Ill, 1977, S. 15.

[176] Bernadette Roberts, *The Experience of No-Self,* Shambhala, Boston, 1985, S. 158.

[177] Sisirkumar Ghose, *Mystics as a Force for Change,* Theosophical Publishing House, Wheaton, Ill., 1981, S. 91-92.

[178] Underhill, S. 431.

[179] Ebd., S. 173.

[180] William James, *The Varieties of Religious Experience,* Modern Library, New York, 1936, S. 404.

[181] James Dillet Freeman, *The Story of Unity,* Unity Books, Unity Village, Mo., 1987, S. 42. Eine Übertragung der ursprünglichen Fassung dieses Buches, die den Titel „The Household of Faith" trug, ist unter dem Titel *Der Haushalt des Glaubens* im Frick Verlag, Pforzheim, erschienen. Der Frick Verlag führt Literatur von und über Unity in seinem Programm, darunter auch Werke von Charles und Myrtle Fillmore.

[182] Henry P. Van Dusen, *Dag Hammarskjöld: The Statesman and His Faith,* Harper & Row, New York, 1967, S. 110.

[183] Abraham H. Maslow, *Toward a Psychology of Being,* D. Van Nostrand Company, New York, 1962, S. 80.

[184] Sisirkumar Ghose, *Mystics as a Force for Change,* Theosophical Publishing House, Wheaton, Ill., 1981, S. 57.

[185] Rufus M. Jones, *The Eternal Gospel,* Macmillan, New York, 1938, S. 184.

[186] Abraham H. Maslow, *Religions, Values, and Peak-Experiences,* Ohio State University Press, Columbus, 1964, S. 63.

[187] Raynor C. Johnson, *Watcher on the Hills,* Hodder and Stoughton, London, 1959, S. 160.

[188] J. Trevor, *My Quest for God,* London, 1897, in: William James, *The Varieties of Religious Experience,* Modern Library, New York, 1936, S. 388-389.

[189] Sri Aurobindo, *The Life Divine,* in: Ghose, S. 111.

[190] Ebd., S. 112.

[191] Pierre Teilhard de Chardin, *How I Believe,* Reine Hague (trans.), Harper & Row, New York, 1969, S. 44.

[192] Pierre Teilhard de Chardin, *The Divine Milieu,* Harper & Row, New York,1960, S. 146.

[193] Joel S. Goldsmith, *A Parenthesis in Eternity,* Harper & Row, New York, 1963, S. 134.

[194] Paul Mendes-Flohr (Hrsg.), *Ecstatic Confessions,* collected and introduced by Martin Buber, Harper & Row, San Francisco, 1985, S. 133, 131, 132.

[195] Margaret Isherwood, *The Root of the Matter,* Harper & Brothers, New York, 1954, S. 211, 212.

[196] Arnold Toynbee, *Christianity Among the Religions of the World,* Scribner's, New York, 1957, S. 96.

[197] Evelyn Underhill, *Mysticism,* New American Library, New York, 1974, S. 96.

[198] Isherwood, S. 212.

[199] Toynbee, S. 296-297.

[200] Maslow, S. 19.

[201] Abraham Isaac Kook, *The Lights of Penitence, The Moral Principles, Lights of Holiness, Essays, Letters and Poems,* Ben Zion Bokser (trans.), Paulist Press, New York, 1981, S. 264.

[202] Ben Zion Bokser, *The Jewish Mystical Tradition,* Pilgrim Press, New York, 1981, S. 264.

[203] Ursula King, *Towards a New Mysticism,* Seabury Press, New York, 1980, S. 162.

[204] Louis Finkelstein (Hrsg.), *American Spiritual Autobiographies,* Harper & Brothers, New York, 1948, S. 114, 115.

[205] Andrew M. Greely, *Ectasy: A Way of Knowing,* Prentice-Hall, Englewood Cliffs, N.J., 1974, S. 58.

[206] John L. Hill, *The Enlightened Society,* Theosophical Publishing House, Wheaton, Ill, 1987, S. 145, 146, 147.

[207] *A Course in Miracles* (dt.: Ein Kurs in Wundern), Text, vol. 1, Foundation for Inner Peace, Huntington Station, N.Y., 1975, S. 185.

[208] Ghose, S. 41.

Neue Spiritualität

Weitere Bücher im Frick Verlag

***K. O. Schmidt* • Die innere Sonne - Plotins Lehre vom Einen**

Der Mystiker und Philosoph Plotin hat antike, mittelalterliche und neuzeitliche Philosophie tiefgreifend beeinflußt. Seine Gedanken gaben der christlichen und der islamischen Mystik wichtige Impulse. In unserem Jahrhundert sind es vor allem die esoterischen Strömungen, die seine Vorstellung vom Göttlichen, das als Funke jedem Menschen innewohnt, und vom Streben der Seelen nach Wiedervereinigung mit dem göttlichen Ursprung wieder aufgreifen.

ISBN 3-920780-49-3, 138 Seiten, kt., große Schrift

***Jim Rosemergy* • Spirituelles Leben im Alltag**

Ein Meditations- und Tagebuch mit Gedanken und Texten für 365 Tage und Platz für eigene Reflexionen. Wie ein Baum verschiedene Wachstumsstadien durchläuft, so auch der Mensch in seiner geistigen Entwicklung. „Spirituelles Leben im Alltag" ist ein Begleiter auf der eigenen 'inneren Reise'. – Schöne grafische Gestaltung.

„Ich empfehle es wärmstens jedem, der auf einem spirituellen Weg ist." – *Dr. Gerald Jampolsky*

ISBN 3-920780-57-4, 706 Seiten, kt., große Schrift

***Eric Butterworth* • Im Strom des Lebens**

Es ist unsere subjektive Sicht der Wirklichkeit, die über die Qualität unseres Lebens entscheidet. Das Leben an sich ist gut – wir selbst sind es, die sich ihm häufig in den Weg stellen und den Fluß des Guten blockieren. Ein neuer Blick auf unsere Welt, der dazu beitragen kann, Streß und Ängste abzubauen.

ISBN 3-920780-56-6, 174 Seiten, kt., große Schrift

James Dillet Freeman • **Leben in der vierten Dimension – Von Zeit und Ewigkeit**

Es sind die glückhaften Momente des Daseins, die kleinen und großen Wunder im Alltäglichen, die James Dillet Freeman uns ins Bewußtsein rufen möchte. Freemans Essays sind wie intensive Kurzaufnahmen der Wirklichkeit. Sie lassen sich lesen wie Bildmeditationen – und wecken die Entdeckerfreude des Lesers, sich auch selbst den Dingen seines Alltags wieder mit ursprünglichem, unverstelltem Blick zu nähern.

ISBN 3-920780-46-9, 160 Seiten, kt.,

E. V. Ingraham • **Die Stille**

Eine Einführung in die Meditationspraxis.

ISBN 3-920780-15-9, 64 Seiten, Brosch.

J. Sig Paulson • **Lasse dein Licht leuchten**

„Lasse dein Licht leuchten" ist ein „Führer zur inneren Kirche" und ein Leitfaden zur Entwicklung der inneren Quellen von Liebe, Phantasie, Autorität, Begeisterung und Weisheit – ein Ratgeber, der hilft, die Fähigkeit zur Selbstannahme und zur Annahme der Mitmenschen zu entfalten. Paulson zeigt, warum wir allen Anlaß haben, unser Licht nicht 'unter den Scheffel zu stellen'.

ISBN 3-920780-41-8, 199 Seiten, gebunden mit Schutzumschlag

Emmet Fox • **Die Bergpredigt**

Dieses Buch zählt längst zu den „Klassikern" des Neuen Denkens christlicher Prägung. Fox erläutert einen der grundlegendsten Texte des Neuen Testaments und zeigt seine zeitlose Aktualität auf: Gerade auch für Menschen von heute kann „Die Bergpredigt" richtungweisend werden für ein neues Verständnis der universalen Lebensgesetze. – Eine Einführung in das metaphysische Christentum.

ISBN 3-920780-17-5, 164 Seiten, kt., große Schrift

Stefan von Jankovich • Schulplanet Erde

Wir kommen nicht von ungefähr in diese Welt – und auch wenn wir sie wieder verlassen, ist nicht „alles zu Ende". Denn: Wir leben nicht nur einmal! Alles in unserem Leben ist sinnvoll, ist Teil eines fortgesetzten Wachstumsprozesses – einer Lebensschule, in der wir beständig weiterlernen, bis wir das Ziel erreichen: die Rückkehr zum göttlichen Ursprung, das Einswerden mit dem Licht.

Der Menschenrechtler Stefan von Jankovich ist Autor mehrerer vielbesprochener Bücher, die von der Erfahrung des eigenen klinischen Todes nach einem Verkehrsunfall berichten. Jährlich hält er über 200 Vorträge in mehreren europäischen Ländern. „Schulplanet Erde" faßt seine Lebensphilosophie zusammen. Ein engagierter Aufruf zum Umdenken und zur aktiven Bewahrung unseres Planeten.

ISBN 3-920780-63-9, Bd. I Der Mensch in der Schöpfung 274 S., kt.,
ISBN 3-920780-67-1, Bd. II Der Mensch im Alltag 306 S., kt.,

Thomas Webel • Heilen, der vergessene Auftrag Jesu ... und was wir tun können

Die ursprüngliche Botschaft Jesu ist eine Heilslehre, die den ganzheitlichen Menschen in den Mittelpunkt stellt. Das aber ist in der Lehre der Kirche weitgehend in Vergessenheit geraten. Zu oft wird der Aspekt des *liebenden* Gottes, den das Neue Testament betont, außer acht gelassen. – Thomas Webel, Theologe und Meditationslehrer, will mit diesem Buch zeigen, daß die christliche Utopie einer „Gemeinschaft der Heiligen", der heilen und heilenden Menschen, konkrete Wirklichkeit werden kann.

ISBN 3-920780-62-0, 312 Seiten, kt.,

Martha Smock **• Fürchte dich nicht – vertraue!**
„Fürchte dich nicht!" ist eine der häufigsten tröstenden Weisungen der Bibel – und zugleich eine Zusicherung an den Menschen, daß er nicht allein ist, ein Zeichen, daß Gott ihn begleitet. Dieses Buch ist lohnende Lektüre für alle, die Furcht und Lebensangst den Nährboden entziehen wollen. Es entstand aus der Praxis heraus, vor dem Hintergrund der jahrzehntelangen Erfahrung seiner Autorin in der Seelsorge und Beratung von Hilfesuchenden. Liebevoll und einfühlsam geschrieben, vermittelt es die tiefe Überzeugung, daß wir uns nicht zu fürchten brauchen – wir dürfen Vertrauen haben, daß wir auch in problematischen Situationen getragen werden.
ISBN 3-920780-61-2, 176 Seiten, kt.,

In Vorbereitung:

Almut Cordes • **Sich öffnen für die Liebe**
– Selbstentfaltung durch Selbstliebe –

Selbstliebe spielt die zentrale Rolle für eine erfolgreiche Lebensbewältigung, für Selbstvertrauen und Beziehungsfähigkeit. Selbstliebe heilt. Dabei ist Liebe kein zufälliges Ereignis, sondern eine Fähigkeit, die wir erwerben müssen – und zwar zunächst im Umgang mit uns selbst. Dazu müssen wir uns nach innen wenden. Denn Liebe ist bereits in uns: Liebe ist die Essenz unseres Seins. Wenn wir uns mit dieser Liebe rückverbinden können, setzen wir kraftvolle schöpferische Energien frei, erfahren Intensität, Lebendigkeit und Kreativität.

Das Leben hält Liebe in Fülle für uns bereit, sobald wir gelernt haben, Liebe in uns selbst zuzulassen.

Almut Cordes ist Musikpädagogin, Autorin von Lied- und Chansontexten und Pianistin. Mehrere Konzertreisen führten sie u.a. in die USA, nach Japan und Ungarn. Sie unterrichtet an der Hochschule für Künste in Bremen und veranstaltet Seminare zu Themenbereichen der Esoterik, Lebensberatung und Musik.

ISBN 3-920780-70-1, erscheint im Sommer 98

Mary Katherine MacDougall • **Wunder wirkende Worte**

„Jedes Wort wirkt Wunder. Jedes Wort ist schöpferisch. Mit jedem Wort, das wir artikulieren, machen wir Gebrauch von unserer gottgegebenen schöpferischen Macht. Absichtlich gesprochene Worte, zufällig hingeworfene Worte – sie alle haben diese wunderbare Fähigkeit, etwas zu bewirken."

Die Macht des positiven Denkens demonstriert dieses Buch der amerikanischen Lebenslehrerin Mary Katherine MacDougall. Lebensbejahende Gedanken für den Alltag, geordnet nach Stichworten und gespickt mit vielen authentischen Berichten von und über Menschen, die es gelernt haben, ihr Leben zu meistern.

ISBN 3-920780-71-X, erscheint im Sommer 98

Mary-Alice und Richard Jafolla • **Die Suche – ein geistiges Abenteuer**

Die Erkundung der eigenen Spiritualität ist ein Abenteuer, bei dem man reiche Schätze finden, aber auch so manchem „Drachen“ begegnen kann! Wie man die Schatzsuche erfolgreich gestaltet und Drachen besiegt oder meidet, davon berichten die beiden amerikanischen Autoren, die in den USA vor allem durch ihre Wellness-Seminare bekannt sind, in ihrem Buch, das als Kurs für Leser angelegt ist, die sich auf Entdeckungsreise in die geistige Welt begeben wollen.

Zur „Suche“ erscheint auch ein Begleitbuch: „Abenteuer auf der Suche“, das den Inhalt des ersten Buches mit praktischen Übungen vertieft.

Richard u. Mary-Alice Jafolla: Die Suche. Ein geistiges Abenteuer.
ISBN 3-920780-68-X
Mary-Alice u. Richard Jafolla: Abenteuer auf der Suche.
ISBN 3-920780-69-8
Erscheinungstermin: Herbst 1998

Informationsmaterial und Leseproben bitte beim Verlag anfordern.

Artikel zum Thema dieses Buches finden Sie auch in

JA, Zeitschrift für dynamische Lebensgestaltung

Herausgeber und Vertrieb

Frick Verlag

Postfach 447
75104 Pforzheim

Tel. 0 72 31 - 10 28 42
Fax: 0 72 31 - 35 77 44
e-mail: frick.verlag@t-online.de
http://www.frickverlag.de